文化身份论域中的当代学院作家研究

余艳　著

河北大学出版社
·保定·

文化身份论域中的当代学院作家研究
WENHUA SHENFEN LUNYU ZHONG DE DANGDAI XUEYUAN ZUOJIA YANJIU

出 版 人：朱文富
选题策划：马 敏
责任编辑：张梦雪
装帧设计：张彦琪
责任校对：耿兆飞
责任印制：常 凯

图书在版编目（CIP）数据

文化身份论域中的当代学院作家研究 / 余艳著 . --
保定 : 河北大学出版社 , 2022.12
ISBN 978-7-5666-2189-4

Ⅰ . ①文… Ⅱ . ①余… Ⅲ . ①作家评论 – 中国 – 现代
Ⅳ . ① I206.6

中国国家版本馆 CIP 数据核字 (2023) 第 007532 号

出版发行：河北大学出版社
地址：河北省保定市七一东路 2666 号 邮编：071000
电话：0312-5073019 0312-5073029
邮箱：hbdxcbs818@163.com 网址：www.hbdxcbs.com
经 销：全国新华书店
印 刷：河北纪元数字印刷有限公司
幅面尺寸：170 mm × 240 mm
印 张：12.25
字 数：163 千字
版 次：2022 年 12 月第 1 版
印 次：2022 年 12 月第 1 次印刷
书 号：ISBN 978-7-5666-2189-4
定 价：45.00 元

如发现印装质量问题，影响阅读，请与本社联系。
电话：0312-5073023

前　言

斯图亚特·霍尔指出研究文化身份的两种不同思维方式，即文化身份既具有相似性与连续性，又具有差异性与断裂性。前者为我们讨论具有相同文化身份群体的共性提供了理论基础，后者为我们讨论同一群体的发展变化提供了依据。

当代学院作家因共享同一文化身份而呈现出一些相似的特征。其一，教师、学者、作家的复合职业属性，使其总体上集知识分子的社会责任感、学者的理性探索、作家的创作于一身，具有丰富多元的文化意义。其二，在当代文坛中，与专职作家和社会型作家相比，其创作具有复合职业身份带来的独特性。从创作立场来看，总体上呈现精英的价值取向，如人文性、超越性、前瞻性等；从创作状态来看，非职业化写作相对自由、独立；从创作文本来看，学者身份赋予其系统的文化知识、理性的思维方式，在作品中表现为知识性、思想性突出；从创作主题来看，大多数当代学院作家以学院为主要背景，关注知识分子群体；从艺术品位来看，坚守文学性、艺术美的追求，坚持文学研究与文学创作的同步研究、创新与实践，具有实验性、探索性、先锋性。

文化身份永远处在未完成的状态，即呈现差异性与断裂性。小而言之，当代学院作家的创作因时空境遇的变化或内部分化而产生代际差异。总体而论，出生于 20 世纪 30 年代以前的学院作家表现为突出的学识修养；出生于 20 世纪四五十年代的学院作家创作初期呈现鲜明的社会政治关怀，后期突显社会文化关怀；出生于 20 世纪六七十年代的学院作家表现为突出的主体性与商业时代的适应性。就个体而论，杨绛、郑敏等人的作品突显学识修养，曹文轩、格非等人的作品艺术探索精神比较突出，周国平、金岱等人的作品哲学沉思特征比较明显，倪学礼、葛红兵等人的作品倾向于市场性探索。大而言之，我国正处于政治、经济、文化等多个领域不断深化和拓展的转型时期，当代学院作家面临着中西方文化、传统与现代、精英文化与大众文化、外部世界与个体精神、传统士大夫情结与现代知识分子精神、物质欲望与精神需求、理性与感性等的冲突中。

市场经济、现代传播技术、网络和大众文化给纯文学（严肃文学与高雅文学），以及其创作主体——当代学院作家带来了前所未有的困境。与此同时，创意写作学科的引入使“作家”的传统身份发生变化，网络类型作家、广告词撰稿人、报刊记者、影视剧创作者等被纳入作家范畴。随着国家文化体制改革的深入，越来越多的专职作家选择进入高校成为大学教授。而当代学院作家依托的重要平台——学院，一部分也正面临向应用型高校转型。这些进一步加剧了当代学院作家主体内部、主体与外部世界的冲突。那么，当代学院作家的未来之路何在?

1. 坚守独特性，突破局限性。精英的立场、相对独立的品格、探索的精神，既是当代学院作家区别于社会型作家、专职作家的重要特征，也是其存在的重要文化价值。从身份属性来看，专职作家向学院作家的过渡、创意写作学科的兴起与发展、驻校作家制度的逐步引入与实施、欧美当代学院作家的存在方式等，为当代学院作家超越其局限带来诸多可能性。

2. 在世界文学背景中立足本土性、民族性。当代学院作家多为文学领域的学者，具有深厚的理论基础和专业发展的前瞻意识，可以凭借学者和作家的双重身份融通现代文学与传统文学，构建中国本土的、具有中华民族特色的中国文学，为确立中国文学在世界文学中的重要地位做出更多努力。

3. 在商业文化背景中引导大众文化。当代学院作家可适当吸收大众文化的某些优点，扩大其文化影响力；以总体上的精英立场纠偏大众文化的过度娱乐化和商业化；凭借突出的艺术探索精神引导大众文化对审美价值的追求。

学院作家因其文化身份的特殊性而具有特别的文学、文化意义。就目前而言，国内外还没有关于中国当代学院作家全面系统的研究，因此本书从文化身份中的职业属性切入，探讨复合职业身份下的当代学院作家的创作特征、困境与进路，具有一定的创新之处。本书分为四个部分，分别从文化身份、学院作家的概念界定（第一至二章）、当代学院作家创作的宏观特征（第三至五章）、当代学院作家创作的微观特征（第六至十三章）、当代学院作家的困境与出路（第十四章）四个方面对当代学院作家进行阐述与分析。

目　　录

绪论 ……………………………………………………………………（1）

第一章　学院作家概述 ……………………………………………………（7）

第一节　学院作家 ……………………………………………………（7）

第二节　世界文学视野中的学院作家 ………………………………（12）

第三节　我国现代学院作家 …………………………………………（17）

第四节　我国当代学院作家 …………………………………………（21）

第二章　文化身份与学院作家 ………………………………………（26）

第一节　什么是文化身份 ……………………………………………（26）

第二节　学院作家的文化身份 ………………………………………（29）

第三节　当代文坛与当代学院作家 …………………………………（32）

第四节　从文化身份视域研究当代学院作家的意义 ………………（34）

第三章　当代学院作家的非职业化写作 ……………………………（36）

第一节　当代学院作家的创作状态 …………………………………（36）

第二节　当代学院作家的创作立场 …………………………………（40）

第四章　当代学院作家的“学院”特质 ……………………………（44）

第一节　当代学院作家创作的理性诉求 ……………………………（44）

第二节　当代学院作家创作的艺术追求 ……………………………（47）

第三节　当代学院作家创作题材的学院视域 ………………………（49）

第五章　当代学院作家的差异性与断裂性 …………………………（53）

第一节　第一代学院作家与学识修养 ………………………………（53）

第二节　第二代学院作家与社会政治、人文关怀 …………………（54）

第三节　第三代学院作家与主体性、当下性 …………………………（56）
第六章　当代学院作家创作的学识修养（一）
——以杨绛为例 ……………………………………………………（58）
第一节　杨绛的人生经历、学术研究与学识修养 ……………………（58）
第二节　文化身份赋予杨绛文学创作突出的学识修养 ………………（62）
第三节　多重视域下的知识分子叙述——《洗澡》 …………………（67）
第七章　当代学院作家创作的学识修养（二）
——以郑敏为例 ……………………………………………………（70）
第一节　人生经历和职业身份赋予郑敏的学识修养 …………………（70）
第二节　文学创作中突显的学识修养 …………………………………（73）
第三节　诗哲的使命与广博的学识——《集外诗》 …………………（78）
第八章　当代学院作家创作的艺术追求（一）
——以格非为例 ……………………………………………………（83）
第一节　格非的学术研究与艺术探索 …………………………………（83）
第二节　文学创作：叙事艺术的求新求变 ……………………………（86）
第三节　告别先锋后的叙事探索——《隐身衣》 ……………………（91）
第九章　当代学院作家创作的艺术追求（二）
——以曹文轩为例 …………………………………………………（96）
第一节　美的邂逅与坚守 ………………………………………………（96）
第二节　文学创作中突显的艺术性 ……………………………………（99）
第三节　艺术性的极致抒写——《青铜葵花》 ………………………（105）
第十章　当代学院作家创作的哲理沉思（一）
——以周国平为例 …………………………………………………（109）
第一节　个人经历：与哲学的缘起 ……………………………………（109）
第二节　文学创作：诗化的哲学与哲学化的诗 ………………………（111）
第三节　格言体的哲思随笔——《把心安顿好》 ……………………（115）

第十一章　当代学院作家创作的哲理沉思（二）
——以金岱为例 ………………………………………………（120）
第一节　金岱的学术研究与哲学沉思 …………………………（121）
第二节　文学创作：基于生存本体体验的哲学心态小说 ………（125）
第三节　当代知识分子精神营建的哲学探索——《心界》 ………（130）
第十二章　当代学院作家创作的市场性探索（一）
——以葛红兵为例 ……………………………………………（135）
第一节　个体生存体验与商业化的时代精神 …………………（135）
第二节　文学创作：突出的主体性与市场适应性 ………………（139）
第三节　创作的市场化倾向——《沙床》 ………………………（144）
第十三章　当代学院作家创作的市场性探索（二）
——以倪学礼为例 ……………………………………………（148）
第一节　理想价值与大众文化 …………………………………（148）
第二节　理想价值的大众文化形式探索与实践 ………………（150）
第三节　融入剧本元素的小说创作——《小麦进城》 …………（155）
第十四章　冲突与融合——当代学院作家的困境与进路 ………（159）
第一节　当代学院作家主体内部的冲突与融合 ………………（160）
第二节　当代学院作家主体与客体的冲突与融合 ……………（165）
第三节　当代学院作家的未来 …………………………………（169）
参考文献 ……………………………………………………………（178）
后记 …………………………………………………………………（185）

绪　论

一

近十余年，文坛许多专职作家转变身份，成为高校（学院）教授。张悦然任教中国人民大学，二月河任教郑州大学，刘震云任教中国人民大学，阎连科任教中国人民大学，马原任教同济大学，梁晓声任教北京语言大学，王安忆任教复旦大学，王蒙任教中国海洋大学，不胜枚举。有研究者指出，自1999年金庸和马原分别到浙江大学和同济大学任教以后，奔向学院的作家成为21世纪初期中国文学领域的重要人才流动现象。一是从中国作家协会（以下简称作协）、中国文学艺术界联合会（以下简称文联）等国家文艺机构向大学科研机构调动，二是一度脱离国家体制身份的作家回到学院任职，重新恢复国家体制身份。其根源在于国家文化体制改革不断深入，文艺机构的功能相对萎缩，而学院的力量正在急剧扩张；相当一部分作家无法适应新经济背景下的商业意识形态和生存法则挑战，学院成为他们的“体面避难所”。[1] 随着中国文化体制改革的进一步推进，奔赴学院的专职作家越来越多，学院作家群体持续扩大。

综观当下文坛，从职业属性角度看，隶属各级作协的专职作家、大众文化的创作主体——社会型作家、学院作家活跃于文学界，各自凭借其独特性在文坛占据一席之地。作协专职作家的数量、成就居于文坛的主流；随着大众文化日趋繁荣，大众文化作家名利双收，他们迅速成为文化市场的宠儿；学院作家在中国现代文学初期大量涌现，当代仍有相当数量，其总体上精英知识分子的文化品位和艺术追求代表着文坛不可或缺的精英文化。

隶属作协的专职作家转型成为学院作家，变身能否立即实现？大众文化在丰富、满足大众的精神需求之余，其内容的单一雷同、目的的娱乐至上、生产的简单重复也带来意义肤浅与匮乏等问题。如何引导和规范大众文化，使其更有益于现代人的精神需求？学院作家大多受过高等教育，并从事高等教育、科研，其文学创作总体上具有大众文化极度欠缺的特质，如作品较强的人文意识、终极理想的追求、高雅的文化品位、艺术探索的精神等。在大众文学迅即繁荣的当下，我们如何正确认识学院作家的文化身份与作品的独特性，如何引导大众文化更理性更健康发展？现代传播技术、网络和大众文化的迅猛发展，给当代学院作家创作带来前所未有的困境。面对外部世界的强烈冲击，他们将如何抉择？本书利用文化身份、文化生产等文化研究理论尝试解决以上问题。

二

关于学院作家，学界没有统一的界定，大体上认为是在大学教学创作的群体，又被称为学院派作家、教授作家群。对于学院作家的研究，主要集中在以下三个方面。其一，研究者从写作角度着眼于学院作家的写作语言，或语言与文化的关系。其二，研究带有学院特征的文学作品，如以学院为主要描写对象的文学作品。“美国学院派小说起源于19世纪20年代，20世纪五十六年代进入一个高潮期，美国学者对该类小说的研究开始于20世纪60年代早期，一直持续发展到如今，并呈现出日益壮大的趋势。”[2] 此类研究关注文学作品的学院派特征，如学者的视角、偏保守的思想、理性的思考等。其三，在研究知识分子作家的论文中，有极少数学院作家，而研究者更多关注的是学院作家的政治身份如作为公共知识分子的特征等。

国内关于学院作家的研究主要集中在两个方面。第一，学院作家的总体研究。如古远清《学院作家现象与二十世纪台湾文学》(《理论与创作》，2007年第6期)研究中国台湾的学院作家及其重要地位；王剑丛《香港学院派作家创作的整体特色》(《学术研究》，1996年第8期)研究中国香港学院派作家的特点；李莉《美国学院派小说研究在美国》(《国外文学》，2009年第1期)研究美国具有学院派特点的小说类型；藏策《异军突起的“新学院作家”》(《文艺报》，2009年第16期)关注最近几年新出现的学院作家及其重要成就；孙新峰《西部大学作家群现象研究论纲》(《渭南师范学院学报》，2010年第4期)探析西部大学作家群现象。这些研究总体上着眼于学院作家创作上的共同特征，如爱国主义、社会责任感、学者风范等。第二，学院作家的个案研究。如宋艳芳《论拜厄特学院派小说的自我指涉特征》(《当代外国文学》，2010年第1期)、高雪晓《论中国现代学院派女性散文》(湖南师范大学2022年硕士学位论文)、李娇《转型期学院知识分子群像的深层书写——张者大学校园小说研究》(重庆师范大学2010年硕士学位论文)、刘馨《学院派剧作家袁昌英的诗化戏剧》(贵族师范大学2008年硕士学位论文)。这类研究主要关注作家个体的学院派特色，如对知识分子精神世界的探寻，对文学艺术性、思想性的追求等等。

总体而言，关于学院作家的研究较少，而学院作家与作协专职作家和大众文学作家的区别是值得我们深入研究的，并填补研究领域的空白。

关于文化身份的研究外文文献较多。研究包括几个方面：其一，关于基本理论的解析，如斯图亚特·霍尔《导言：是谁需要“身份”》、霍米·芭芭《文化的定位》、劳伦斯·格罗斯伯格《身份和文化研究：这是全部吗?》。其二，将文化身份置于全球化背景中，针对个体或群体跨越疆界、国家、民族、地区的流动、移居的现象，探讨国家或民族的文化身份，即民族文化认同与认同危机，如凯文·罗宾斯《撕裂的身份：土耳其/欧洲》。这一类在文化身份研究初期较多。其三，将文化身份置于同一国家同一民族文化背景中，关注不同社会群体的文化身份，即在社会和文化层面追问“我是谁，我们是谁，我们为什么是谁”的问题，如齐格蒙·鲍曼《从朝圣者到观光客——身份简史》。其四，文化身份主体与客体的关系，即客体如何塑造主体的文化身份，如通俗文化在塑造文化身份中的作用，文化身份如何在历史和现实的语境中生成、变化等，如西蒙·弗里兹《音乐与身份》、玛里琳·斯特拉斯《身份 谱系学 历史》、尼古拉斯·罗斯《赋予身份权力？——生物学、选择和新的再生技术》。

关于文化身份的研究，中国起步较欧美晚一些，除译介欧美相关论著外，其他研究层面相仿。在刘岩编著的《后现代语境中的文化身份研究》① 中，将国内身份研究的论文大体分成几类：一是建构少数族裔的身份政治，二是审视多元文化中的亚洲人，三是挑战异性恋文化中的身份。作者大多通过对社会现象、文艺作品的分析探讨各类群体的身份内涵。如刘岩《多元文化背景下的文化身份焦虑》、周庭华，魏文《解读“星期五”文化身份的丧失》，丁少彦《产品的意义生产——从广告产品看女性身份的塑造》，等等。

总体而言，关于中西方文化身份的研究备受关注，较多关注的是具有独特文化内涵的群体，如少数民族、女性、翻译工作者以及受异族文化影响的群体。而针对学院作家文化身份的研究甚少，国外仅有个案研究，缺乏深入或整体的研究。国内的情况与之相似，也只有少量针对学院作家的个案研究，如张萍《林语堂的文化身份与翻译活动》（河海大学 2007 年硕士学位论文）、张小燕《晚生代的文化身份与边缘叙事》（厦门大学 2001 年硕士学位论文）、李建《阿来：边缘书写与文化身份认同》（《西北民族大学学报（哲学社会科学版）》，2004 年第 2 期）、谭进《冲突与融合——赛珍珠及其小说〈匿花〉中的双重身份》（南京师范大学 2008 年硕士学位论文）。而关于中国当代学院作家的整体研究仍是空白。

---

① 刘岩：《后现代语境中的文化身份研究》，凤凰出版社 2008 年版，第 58 页。

三

本书在文化身份论域中研究中国当代学院作家，分为四个部分。分别从概念界定、宏观特征、微观特征、现状与出路四个方面阐述当代学院作家的文化身份特征。

第一部分包括第一章和第二章，主要是关于学院作家的概述，重在资料的整理与归纳，梳理学院作家的内涵及外延。首先，对学院作家进行界定与区分，阐述学院作家与学者作家、知识分子作家、学院派作家的区别；其次，梳理世界范围内的学院作家概况；最后，分析在不同语境中的中国学院作家尤其是当代学院作家的特征，以及研究当代学院作家的意义。

第二部分即第三章、第四章和第五章，利用文化身份理论宏观阐述学院作家的创作特征。文化身份集相似性与连续性、差异性与断裂性于一体。第三章、第四章重在分析当代学院作家创作的相似性与连续性，如非职业化的写作状态、作品的“学院”特质。第五章分析其在创作中的差异性与断裂性，主要表现为时代境遇下不同群体内部呈现的创作差异或代际特征。

第三部分共八章，从微观层面具体阐述中国当代学院作家的创作特征，主要以 8 个学院作家为例：

第六章至第七章：当代学院作家创作的学识修养——以杨绛、郑敏为例。

第八章至第九章：当代学院作家创作的艺术追求——以格非、曹文轩为例。

第十章至第十一章：当代学院作家创作的哲理沉思——以周国平、金岱为例。

第十二章至第十三章：当代学院作家创作的市场探索——以葛红兵、倪学礼为例。

这里需要指出以下三点。一、以上归纳的四个外在特征并不是当代学院作家所独有而其他作家没有的创作特征，而是当代学院作家因其复合的职业身份，这些特征在他们的创作中更加明显和突出。二、这四个外在特征未能囊括当代学院作家的全部特征，只是显要特征；列举的作家只是以其为例，说明该学院作家具有这种显要特征，并没有排他性。如以杨绛、郑敏为例分析学院作家在学养、阅历方面的创作特征，只是说明她们在这方面具有更显著的特征，并不排除其他学院作家也具有该特征，也不排除杨绛、郑敏具有艺术探索、哲理沉思等创作特点。三、选取以上 8 位作家作为案例主要基于两点考虑。其一，8 位作家的创作因职业身份某个特征相对突出。如杨绛、郑敏因其教师、学者、翻译家、作家的文化身份而在创作中表现出突出的学识修养特征；其二，大致按照当代学院作家的代际，选择具有一定影响力和代表性的作家。

第四部分即第十四章：冲突与融合——当代学院作家的困境与进路。本章主要探讨学院作家主体、主体与客体的困境与突围，如当代学院作家的传统士大夫情结与现代知识分子精神的碰撞，文学创作与理论研究的冲撞或互补，学院生活与市场适应的抉择，独立人格、批判精神与政治体制、经济体制、文化体制的角逐，与中国现代传统文学、大众文化的皈依或合谋或背弃等等。通过探讨这些问题预测学院作家的未来走向，即学院作家在未来文坛中将扮演的角色和文化身份定位。

第一章　学院作家概述

第一节　学院作家

关于学院，西方有学院派，最早16世纪末始于意大利，17、18世纪盛行于英、法、俄等国的艺术流派及思潮。学院派重视规范，包括题材的规范、技巧的规范和艺术语言的规范。本书的学院不采用该义，而指各高校及研究机构。

学院作家，顾名思义，指高校或研究机构中从事教学研究工作，同时又从事文学创作的群体。与学院作家的内涵和外延相仿的概念，大体有学者作家、知识分子作家、学院派作家、大学作家群等。再延伸还有学院批评、学者批评、作家学者、学院派知识分子、知识分子写作、学院派散文、学院派戏剧等。对于众多的概念，学界并没有统一界定，研究者各说各话。本书的学院作家与学者作家、学院派作家、知识分子作家有相似的层面，也有不同之处。

一、学者作家

学者作家一般指具有学者特征的作家，而具有学者特征的作家一般出自学院，因此学者作家与学院作家有许多牵连。“学者作家”一词常出现于评论家对某一作家的评论，如朱立立《淡中有喜　浓出悲外——论香港学者作家小思的散文》(《华侨大学学报》，1998 年第 2 期)、陈强，韩媛媛《刺透表面迷雾——还原学者作家徐坤》(《山东理工大学学报(社会科学版)》，2008 年第 2 期)、夏义生，远方《学者作家的现实情怀——阎真访谈录》(《理论与创作》，2004 年第 1 期)。从这些研究者使用的“学者作家”来看，学者作家主要是指具有学者风度、气质的作家，比如书卷气、博学、严谨、理性等。这类作家不一定一直从事高校教育科研工作，但却被称为学者作家。如郑振铎，除却 1927 年至 1937 年约十年时间里任教燕京大学、清华大学、上海暨南大学，其余较长时期一直从事期刊创办、编辑工作以及担任文化机构领导职务；徐坤 2003 年以后成为专职作家，但她在较长时期(1990—2003 年)里任职中国社会科学院从事文学研究工作，所以评论者认为她具有学者气质。

学院作家与学者作家相同之处在于“学”，即具有学识学养的作家，从事专业研究的学者、从事高校教学研究的教师都是如此。他们大多为人文知识分子，知识渊博、学养深厚，在中国现代作家中极为常见，如鲁迅、胡适、闻一多、朱自清、沈从文、钱锺书等既是知名学者，又是成就卓著的作家，还是具有较大社会影响力的知识分子典范。学院作家与学者作家的不同之处主要在于外延差异。学者作家的外延比学院作家大，一般的学院作家都可称作学者作家，而学者作家不一定是学院作家。如郭沫若曾任教大学但并非长期从事教学科研工作，作品或个人具有学者的气质常被人称为“学者作家”，但因其职业经历本书不将其算作学院作家；易中天、于丹等众多学者任教高校，在从事文学、美学、历史学等教学研究的同时，创作学术随笔，但作品总体上文学性不强，本书也不将其算作学院作家。

二、知识分子作家

具有鲜明知识分子特征的作家常被称为知识分子作家。余英时先生认为，知识分子是人类的基本价值(如理性、自由、公平等)的维护者。他们一方面根据这些基本价值来批判社会上一切不合理的现象，另一方面则是为了推动这些价值的充分实现。[3] 以爱德华·萨义德为典型的许多学者都认为知识分子应具有批判意识，质疑、批判社会不利于人类普遍价值的一切，强调知识分子与社会的“对立”“对抗”“对反”“对位”，他在《世俗批评》的最后一句话写道“从事批评和维持批判的立场是知识分子生命的重大方面”[4]。总体而言，知识分子至少具有以下两大特征：一是人类基本价值的维护者与推动者；二是独立的质疑者、批判者、建构者。对于作家来言，创作的文学作品最能突显其作为知识分子的思想特征。

知识分子作家与学院作家的价值取向与外延有所差异。大部分学院作家具有知识分子作家所有的思想特征，如作为知识分子的社会责任感、独立而深刻的思考、批判的意识、思想的深度和广度等。但也有极少数的学院作家不一定能算得上是知识分子作家，即不一定具有独立性和批判性。如争议较大的某文化散文作家，其在商业化时期“学者明星”的身份，使众多学者质疑他作为知识分子应有的独立姿态和批判能力。知识分子作家较学院作家外延更大，历史更为悠久，数量更多。大多数学院作家都是人文知识分子皆可称为知识分子作家，而知识分子作家不一定是学院作家，如萨义德、让-保罗·萨特、列夫·托尔斯泰、泰戈尔、林语堂、郭沫若、茅盾、李锐等，都可算作知识分子作家，但因其职业经历不能算作学院作家。

三、学院派作家

学院作家与学院派作家基本相似，其差异主要在于使用领域和使用时间。学院派作家常被海外文学研究者使用，或国内评论者在评论具有学院风格的某一文体某一作家时使用。如马凌《在学院派作家的周边》（《长江学术》，2006 年第 2 期）主要以 20 世纪欧美学院派作家为研究对象，王剑丛《香港学院派作家的整体创作特色》（《学术研究》，1996 年第 8 期）研究中国香港学院派作家；宋艳芳《论拜厄特学院派小说的自我指涉特征》（《当代外国文学》，2010 年第 1 期）、刘馨《学院派剧作家袁昌英的诗化戏剧》（贵州师范大学 2008 年硕士学位论文）、高雪晓《论中国现代学院派女性散文》（湖南师范大学 2002 年硕士学位论文）则是学院派作家或文体的个案研究。

“学院派”一词源于欧美，后也广泛用于我国现代文学研究界。部分研究资料显示，中国现代曾被称为学院派的作家较多，如钱锺书、徐志摩、朱自清、周作人、梁实秋、林语堂、梁锡华、余光中、袁昌英、凌叔华、苏雪林、冰心、冯沅君、林徽因等。在中国当代文学研究领域，使用学院作家一词多过学院派作家。学界对学院派作家没有统一的内涵及外延界定。总体而言，其特征包括以下几个或某一情形。其一，长期或短期，曾经或现在任教学院而同时从事创作的作家。他们大多受过良好的高等教育，学识渊博，具有学者气质和文化修养。其二，作品主要以高校群体为描写对象的作家。他们大多长期生活在学院，主要以学校人、事为素材。与青春校园作品不同，学院派作家往往探讨更复杂更深刻的主题，如权力与体制、知识分子群体等。其三，艺术追求偏理性，或深刻或唯美或智性。

除却学院派作家、学院派文体一说，还有学院派知识分子、学院批评的说法，如马凌、高建惠《后现代中的学院派知识分子》（《中外比较文学与比较文化（国际）研讨会论文集》，2004 年 9 月）、杨祝媛《三十年代学院派批评空间的形成——以《大公报》“文艺副刊”为个案》（辽宁大学 2009 年硕士学位论文）、高玉《“学院批评”与“作家批评”——当代文学批评的两种路向及其问题》（《思想战线》，2005 年第 3 期）。其间“学院”一词的含义也大抵相同。如学院派知识分子主要指具有学院背景的知识分子，“学院批评过分地依赖理论从而导致批评与创作实际脱节”主要突出学院的相对封闭性与批评家的理论性。

与学院作家相类似的概念还有“大学作家群”，如重庆复旦大学作家群（李本东，《重庆复旦大学作家群的文学活动考略》，西南师范大学 2001 年硕士学位论文）、西部大学作家群（孙新锋，《西部“大学作家群”现象研究论纲》，《渭南师范学院学报》，2010 年第 4 期）。“大学作家群”的内涵不尽相同，但总体上都是指接受过大学教育或在（曾在）大学任职的作家，该概念的内涵和外延远远超过了学院作家。

四、学院作家

关于学院作家，学者古远清在《学院作家现象与二十世纪台湾文学》（《理论与创作》，2007 年第 6 期）中对此作了较为完整的界定：“学院作家，顾名思义，是指在大专院校从事教学或研究工作的教师及其他工作者。后来离开学府但在学院工作期间写过有影响作品的人，仍可将其视为广义的学院作家。他们有双重身份，首先是学者，其次才是作家。必须先做好本职工作，传道、授业、解惑，教书育人，也就是说必须先站稳讲台，然后才谈得上写作。”[5]

本书使用学院作家一词，在前辈古远清界定的基础上作了一些补充。学院作家指长期在大学或科研机构从事人文学科教学研究的同时，还进行文学创作的群体。包括以下内涵：1. 主业从事人文学科的教学科研，有相关研究成果；从事的写作是非职业化写作，是教学科研之外的副业；2. 创作是文学性的创作，不论是小说、诗歌、散文、戏剧，作品具有较强的文艺性；3. 在较长时期内同时进行教学研究与创作，并在该时期具有一定数量且有一定影响力的代表作品。补充之处如下：其一，鉴于当下我国各级科研机构也有高校的部分功能和特点，不仅是在大专院校任职，还包括在我国各级科研机构如各级社会科学院从事教学科研的作家。其二，集人文学科的教学、科研与创作于一体。为了更有针对性研究学院作家的特性，研究其教学、科研、创作的内在联系，将在高校仅从事管理的工作人员和非人文类学科的教师排除在外。其三，身份的持久性。与身份共生的内在特征在较长时期才能形成，因此学院作家的身份应该具有时间的连续性和持久性。曾在高校任职后离职成为专职作家的，曾为专职作家后调往高校时间不长的，都不算做典型的学院作家。界定的标准着眼于该作家代表作品的形成时期是否在学院期间，以及任职学院时间是否较长。前者如王小波，1988 年至 1992 年先后任教于北京大学、中国人民大学，其间发表小说集《唐人秘传故事》、小说《黄金时代》《他们的世界——中国男同性恋群落透视》《王二风流史》，随后他辞职成为专职作家，并在此后的五年时间里创作了他人生中最重要的作品。王的代表作创作于他辞职成为专职作家之后，因此不算作典型的学院作家；余秋雨 20 世纪 80 年代初至 1992 年任教于上海戏剧学院，其间创作的《文化苦旅》代表了余秋雨文化散文成就，本书将其算作学院作家。最近几年陆续进入高校的专职作家，他们的代表作创作于非高校任职期间，且任职学院的时间较短，所以将其排除在外。其四，作品的数量和质量。基于当下出版业发达、学者创作普遍的考虑，将作品的数量和质量作为考量因素。众多学者创作学术随笔或散文，但是否能列为学院作家的标准在于作品是否具有一定数量、是否具有文艺性、是否具有较大影响。如易中天已出版16卷文集，包括学术论文、学术随笔，其中《高高的树》为文学作品集，但其创作的文学性较强的短篇小说、散文极少，不能代表他创作上的最高成就。当下类似易中天创作学术随笔的学者很多，这类作家的随笔既有学术研究的严谨和理性，也有畅销书的通俗和影响力，但缺乏文学作品强调的形象与虚构、意境与形式等文学艺术元素，本书暂不将他们作为学院作家进行研究。

第二节　世界文学视野中的学院作家

艾瑞克·霍布斯鲍姆在《极端的年代》中认为，高等教育的惊人发展为原本不具有商业价值的学者提供了就业机会，使世界各国的学院作家骤增。[6] 事实上，学院作家的历史更为久远，自有高等教育的19世纪末开始出现，活跃在各个历史时期，其间还有众多诺贝尔文学奖获得者。他们也经常被称作“学院派作家”，长期或短期在高校或研究机构任职，或在创作上的描写对象、艺术风格倾向于文学评论者所谓的“学院风格”。

法国现实主义作家罗曼·罗兰、玛格丽特·尤瑟纳尔，新小说派重要作家米歇尔·布托尔；英国作家C.S.刘易斯、戴维·洛奇、威廉·戈尔丁；意大利作家安贝托·艾柯；阿根廷作家豪尔赫·路易斯·博尔赫斯；捷克作家米兰·昆德拉等学院作家数量众多，成绩卓著。

特奥多尔·蒙森（诺贝尔文学奖获得者），1817年生，任教莱比锡大学、苏黎世大学、布雷斯劳大学、柏林大学，著有《罗马史》等。

焦苏埃·卡尔杜齐（诺贝尔文学奖获得者），1835年生，任教博洛尼亚大学，著有《撒旦颂》《讽刺诗与抒情诗》等。

鲁道尔夫·欧肯（诺贝尔文学奖获得者），1846 年生，任教巴塞尔大学、耶拿大学，著有《近代思想的主潮》《大思想家的人生观》《人生的意义与价值》等。

塞尔玛·拉格洛夫（诺贝尔文学奖获得者），1858 年生，任教伦茨克罗纳斯女子中学，著有《戈斯泰·贝林的故事》《有形的锁环》等。

亨利·柏格森（诺贝尔文学奖获奖者），1859 年生，任教法兰西学院、法兰西语言科学院，著有《笑》《著作集》《杂著集》等。

罗曼·罗兰（诺贝尔文学奖获得者），1866 年生，任教巴黎高等师范学校、巴黎大学，著有《群狼》《七月十四日》《约翰·克利斯朵夫》《哥拉·布勒尼翁》等。

路伊吉·皮兰德娄（诺贝尔文学奖获得者），1867 年生，任教罗马女子高等师范学校，著有《已故的帕斯卡尔》《老人与青年》《一个人，既不是任何人，又是千万人》《赤裸的面具》等。

C. S. 刘易斯，1898 年生，任教牛津大学、剑桥大学，著有《太空三部曲》《纳尼亚传奇》《裸颜》等。

豪尔赫·路易斯·博尔赫斯，1899 年生，任教布宜诺斯艾利斯大学，著有《迷宫》《布罗迪埃的报告》《沙之书》《老虎的金黄》等。

玛格丽特·尤瑟纳尔，1903 年生，任教莎拉劳伦斯学院，著有《哈德良回忆录》《苦炼》《世界迷宫：虔诚的回忆》《北方档案》等。

威廉·戈尔丁（诺贝尔文学奖获得者），1911 年生，任教英国南部萨利斯布里教会学校，著有《蝇王》《继承者》《塔尖》《纸人》《巧语》等。

雷蒙·威廉斯，1921 年生，任教牛津大学、剑桥大学，著有《乡村与城市》《第二代》《为马诺德而战》等。

米歇尔·布托尔，1926 年生，任教曼彻斯特大学，著有《米兰弄堂》《时间表》《变》《程度》等。

米兰·昆德拉，1929 年生，任教布拉格电影学院、雷恩大学，著有《好笑的爱》《玩笑》《不能承受的生命之轻》等。

安伯托·艾柯，1932 年生，任教都灵大学、米兰大学、博罗尼亚大学，著有《傅科摆》《昨日之岛》《波多里诺》等。

戴维·洛奇，1935年生，任教伯明翰大学，著有《你这个傻瓜》《换位》《治疗》《写作游戏》等。

让-马里·古斯塔夫·勒克莱齐奥（诺贝尔文学奖获得者），1940年生，任教曼谷、墨西哥城、波士顿等地的大学，著有《诉讼笔录》《流浪的星星》《战争》《饥饿间表曲》等。

费利特·奥尔罕·帕慕克（诺贝尔文学奖获得者），1952年生，任教哥伦比亚大学、伊斯坦布尔海峡大学，著有《黑书》《我的名字叫红》《伊斯坦布尔：一座城市的记忆》《纯真博物馆》等。

20世纪50年代以来，美国出现了大量的“学院派作家”。其中有影响力的作家有弗拉基米尔·纳博科夫、索尔·贝娄、伯纳德·马拉默德、肯尼迪·科克、菲利普·罗斯、约翰·克罗·兰色姆等等。在被誉为20年世纪六七十年代对美国产生重大影响的4位作家中，约翰·巴斯和罗伯特·库弗是学院作家。美国黑色幽默流派的重要作家约瑟夫·海勒和唐纳德·巴塞尔姆也是学院作家。

约翰·克罗·兰色姆，1888年生，任教梵德比尔大学，著有《新批评》《诗歌·本体论笔记》等。

弗拉基米尔·纳博科夫，1899年生，任教哈佛大学、康奈尔大学，著有《塞巴斯蒂安-奈特的真实生活》《尼古拉-果戈理》《庶出的标志》《洛丽塔》等。

西奥多·罗特克，1908年生，任教华盛顿大学，著有《在一个黑暗的时候》《醒》等。

查尔斯·奥尔森，1910年生，任教克拉克大学、哈佛大学、黑山学院，著有《马克西穆斯的诗》《在寒冷的地狱中，在灌木丛中》《距离》等。

罗伯特·海顿，1913年生，任教密执安大学，著有《夜，死，密西西比》《夜间开花的仙人球》等。

约翰·贝里曼，1914年，任教布朗大学、哈佛大学，著有《梦歌》《向布雷兹特里特夫人致意》。

大卫·依格纳托，1914 生，任教肯塔基大学、堪萨斯大学，著有《诗》《再说一次》《温和的举重者》等。

兰德尔·贾雷尔，1914 年生，任教北卡罗来纳大学女子学院，著有《华盛顿动物园中的女人》《球形炮塔炮手之死》等。

伯纳德·马拉默德，1914 年生，任教俄勒冈州立大学、本宁顿学院、哈佛大学，著有《伙计》《基辅怨》《杜宾的生活》《魔桶》等。

索尔·贝娄（诺贝尔文学奖获奖者），1915 年生，任教普林斯顿大学、纽约大学、明尼苏达大学、芝加哥大学，著有《晃来晃去的人》《受害者》《赫索格》《洪堡的礼物》《拉维尔斯坦》等。

罗伯特·洛厄尔，1917 年生，任教哈佛大学，著有《大洋附近》《写给联邦的死难者》等。

约瑟夫·海勒，1923 年生，任教耶鲁大学、宾夕法尼亚州立大学，著有《第二十二条军规》《出了毛病》等。

路易斯·辛普森，1923 年生，任教纽约州立大学，著有《在城郊》《美国诗歌》等。

约翰·霍克斯，1925 年生，任教哈佛大学、斯坦福大学、布朗大学，著有《血橙》《食人者》《疾速旅程》《血与皮肤的幽默》《无辜群》等。

W. D. 斯诺德格拉斯，1926 年生，任教康奈尔大学，著有《心的指针》等。

A. R. 安蒙斯，1926 年生，任教康乃尔大学，著有《科森斯海湾》等。

唐纳德·霍尔，1928 年生，任教斯坦福大学、本宁顿学院、密西根大学，著有《是时候了》《绘床》等。

约翰·巴思，1930 年生，任教宾夕法尼亚州立大学、纽约州立大学、约翰·霍普金斯大学等，著有《漂浮的歌剧院》《迷失在游乐场》《客迈拉》等。

斯坦利·埃尔金，1930 年生，任教华盛顿大学，著有《博斯韦尔》《哭喊者和多嘴者》等。

唐纳德·巴塞尔姆，1931 年生，任教纽约城市大学，著有《白雪公主》《死去的父亲》《天堂》等。

托妮·莫里森（诺贝尔文学奖获得者），1931 年生，任教普林斯顿大学，著有《爵士乐》《爱》《恩惠》《家园》等。

菲利普·罗斯，1933 年生，任教芝加哥大学、爱荷华大学，著有《遗产》《夏洛克战役》《萨巴斯剧院》《美国牧歌》《人性的污秽》等。

乔伊斯·卡罗尔·欧茨，1938 年生，任教温莎大学、普林斯顿大学，著有《北门边》《表姐妹》《他们》《大瀑布》等。

詹姆斯·韦尔奇，1940 年生，任教华盛顿大学、康奈尔大学，著有《雪中冬季》《吉姆·罗尼之死》等。

查尔斯·伯恩斯坦，1950 年生，任教宾夕法尼亚大学，著有《姑娘似的男人》《现实国》等。

雷祖威，1954 年生，任教加利弗里亚大学洛硕机分校，著有《爱的痛苦》《野蛮人来了》等。

日本的学院作家出现的时间较早，如夏目漱石、岛崎藤村、山木有三、永井荷风、伊藤整等；其他国家的学院作家也在当代受到很多关注，如巴基斯坦诗人伊克巴尔；缅甸诗人德钦哥都迈；埃及作家塔哈·侯赛因；尼日利亚作家沃莱·索因卡；南非作家约翰·马克斯韦尔·库切等。

夏目漱石，1867 年生，任教东京高等师范学校、熊本第五高等学校、东京大学，著有《我是猫》《明暗》《过了春分时节》《行人》《道草》等。

岛崎藤村，1872 年生，任教明治女子学校、仙台东北学院、小诸义塾、庆应义塾大学，著有《破戒》《一叶舟》《家》《新生》等。

永井荷风，1879 年生，任教应庆义塾大学，著有《隅田川》《梅雨前后》《东趣话》《断肠亭日记》《荷风随笔》等。

伊藤整，1905 年生，任教北海道大学、东京工业大学，著有《得能五郎的生活与意见》《鸣海仙吉》《泛滥》等。

伊克巴尔，1877 年生，任教拉合尔国立学院，著有《秘密与奥秘》《波斯雅歌》《永生集》《杰伯列尔的羽翼》等。

德钦哥都迈，1878 年生，任教巴罕国民学院，创办仰光大学，著有《孔雀注》《猴子注》《嘱咐》等。

塔哈·侯赛因，1889年生，任教亚历山大大学，著有《鹧鸪的鸣声》《山鲁佐德之梦》《苦难树》《世上受苦人》等。

沃莱·索因卡（诺贝尔文学奖获得者），1934年生，任教拉多斯大学、伊巴丹大学、伊费大学、埃默里大学，著有《死亡和国王的马弁》《未来学家的安魂曲》《反常的季节》等。

约翰·马克斯韦尔·库切（诺贝尔文学奖获得者），1940年生，任教开普敦大学、阿德莱德大学、芝加哥大学，著有《耻》《圣彼得堡的大师》《迈克尔K的生活和时代》等。

第三节　我国现代学院作家

我国现代学院作家的出现与我国高等教育的发展历史密不可分。中国近代官办最早的大学为北洋大学堂（1895年由天津中西学堂改办），之后是南洋公学（1896年成立，1921年并入唐山、北京两校后，改称交通大学）。京师大学堂（1898年）是中央政府设立的第一所国立大学（后曾名为北京大学、北平大学，现北京大学）。1902年新颁钦定学堂章程，时设京师、北洋、山西三所国立大学堂，并先后创立南京两江、武昌两湖、广州两广、北京京师四大优级师范学堂。清华大学的前身是清华学堂，始建于1911年，1928年更名为国立清华大学。国立京师大学易名为国立北京大学，不久全国划分为六大学区，于六大学区设南京、北京、广东、武昌、成都、沈阳六大高等师范学校。1920年前后，南京、广东、武昌、成都、沈阳高等师范学校分别改建国立东南、广东、武汉、四川、东北大学（唯北京高等师范学校改名为北京师范大学）。20世纪20年代中期，国民政府为纪念孙中山，建设四大国立中山大学：在广州、武汉、南京分别以原国立广东大学、国立武昌大学、国立东南大学为基础改建。在杭州则以浙江工业专门学校和浙江农业专门学校为基础创办。20世纪30年代，学科门类最齐全的中央大学建成。张伯苓和严范孙在天津创办了南开系列学校。同济大学也在此时成为有名的理、工、医大学。至20世纪二三十年代，我国现代意义上的大学规模基本成形。

有一定数量的大学，才会出现成批的学院作家。纵观中国现代文学史，大多数成就卓著的作家都长期或短期任职于高校，算作学院作家的有几种情况。

一、一生任职学院的作家

杨振声、刘半农、许地山、袁昌英、洪深、徐志摩、苏雪林、朱自清、闻一多、俞平伯、冯沅君、废名、冯至、梁遇春、李健吾、李广田、钱锺书、卞之琳、穆旦等，这批作家大多受过良好的中西方教育，学有所成之后终生任教于各大学。他们既是名校名师，也是现代文学史上的知名作家，既有当时代最突出的文学研究成果，也有当时代最优秀的文学作品，是现代文学史上典型的学院作家。

杨振声，1890年生，任教武昌大学、北京大学、燕京大学、中山大学、清华大学、东北大学，著有《玉君》等。

刘半农，1891年生，任教北京大学，著有《扬鞭集》《瓦釜集》《半农杂文》等。

许地山，1894年生，任教燕京大学、香港大学，著有《空山灵雨》《缀网劳蛛》等。

袁昌英，1894年生，任教中国公学、武汉大学，著有《孔雀东南飞》《活诗人》《巴黎的一夜》《琳梦湖上》等。

洪深，1894年生，任教复旦大学、暨南大学、山东大学、中山大学、厦门大学、北京师范大学，著有《赵阎王》《五奎桥》《香稻米》《包得行》《鸡鸣早看天》等。

徐志摩，1897年生，任教北京大学、光华大学、大夏大学、南京中央大学，著有《再别康桥》《翡冷翠的一夜》等。

苏雪林，1897年生，任教沪江大学、安徽大学、武汉大学、台湾师范大学、台湾成功大学，著有《鸠那罗的眼睛》《青鸟集》《屠龙集》《蝉蜕集》等。

朱自清，1898年生，任教清华大学，著有《踪迹》《背影》《你我》等。

闻一多，1899年生，任教北京艺术专科学校、武汉大学、青岛大学、清华大学、西南联合大学等，著有《死水》《七子之歌》《红烛》等。

俞平伯，1900年生，任职杭州第一师范学校、上海大学、燕京大学、北京大学、清华大学、中国社会科学院，著有《读词偶得》《古槐书屋词》《杂拌儿》《燕知草》《燕郊集》等。

冯沅君，1900年生，任教金陵大学、复旦大学、北京大学，著有《卷葹》《春痕》《劫灰》等。

废名，1901年生，任教北京大学、东北人民大学，著有《桥》《莫须有先生传》《莫须有先生坐飞机以后》等。

冯至，1905年生，任职同济大学、西南联合大学、北京大学、中国社会科学院，著有《昨日之歌》《北游及其他》《十四行集》《蝉与晚秋》等。

梁遇春，1906年生，任教北京大学，著有《春醪集》《泪与笑》等。

李健吾，1906年生，任职国立暨南大学、上海孔德研究所、上海市戏剧专科学校、北京大学、中国科学院，著有《以身作则》《新学究》《贩马记》《青春》等。

李广田，1906年生，任职西南联合大学、南开大学、清华大学、云南大学、中国科学院云南分院，著有《回声》《欢喜图》《灌木集》《日边随笔》等。

钱锺书，1910年生，任职上海光华大学、清华大学、国立蓝田师范学院、震旦女子文理学校、上海暨南大学、中国社会科学院，著有《围城》《写在人生边上》等。

卞之琳，1910年生，任职四川大学、西南联合大学、南开大学、北京大学、中国社会科学院，著有《十年诗草》《翻一个浪头》《雕虫纪历1930～1958》等。

穆旦，1918年生，任教西南联合大学、南开大学，著有《探险者》《穆旦诗集（1939～1945）》《旗》等。

二、较长时期任职学院后转行的作家

这类作家分两种情形：代表作品创作于高校任职期间的，本书将其归入学院作家；代表作品创作于非学院任教期间的则不予归入。

1. 曾在高校任教，后从事专业创作的学院作家。

鲁迅1920—1928年任教北京大学、北京女子师范大学、厦门大学、中山大学；1928年之后，辗转各高校讲学。其间，创作《呐喊》《彷徨》《坟》《热风》《野草》《朝花夕拾》等。

老舍1924—1936年任教伦敦大学、齐鲁大学、山东大学，其间创作《老张的哲学》《赵子曰》《二马》《骆驼祥子》等。

冰心1926—1936年任教燕京大学、清华大学；1949—1951年任教东京大学，其间创作《去国》《平绥沿线旅行记》《冬儿姑娘》等。

曹禺1934—1952年（1943—1949年间游学）任教河北女子师范学院、国立戏剧学校、中央戏剧学院，其间著有《日出》《原野》《蜕变》《北京人》等。

2. 曾在高校任教，后从事其他文艺工作的作家

周作人1918—1937年任教北京大学，此间著有《艺术与生活》《谈龙集》《谈虎集》《自己的园地》《木片集》等。

沈尹默1913—1932年任教北京大学、北京女子师范大学（1929—1931任河北省教育厅厅长），著有《秋明室杂诗》《秋明室长短句》等。

王统照1922年起任教中国大学、暨南大学、山东大学，著有《一叶》《黄昏》《春雨之夜》《霜痕》《童心》等。

沈从文1928—1949年在中国公学、国立青岛大学、西南联合大学、北京大学任教，期间创作《石子船》《虎雏》《月下小景》《八骏图》《边城》等。

3. 创作大部分代表作品之后进入高校任教的作家

这批作家进入高校之后虽然仍坚持写作，但成就未能超越之前，部分作家进入高校之后更潜心于研究或翻译工作，创作减少，如康白情、施蛰存、吴组缃等。康白情在1926—1956年任教于山东大学、中山大学、厦门大学、

华南师范大学，1923 年以后遂脱离文坛；施蛰存自 1937 年起直至逝世任教云南大学、厦门大学、华东师范大学，而其作为“新感觉派小说”的代表作品创作于 1937 年之前，1937 年之后主要从事研究、翻译工作和散文创作；吴组缃的创作成就主要集中在抗战时期，1947 年后任教金陵女子文理学院、清华大学、北京大学，之后主要从事古典文学研究和散文创作；李金发在 20 世纪 20 年代为象征诗派的代表人物，代表诗集《微雨》《食客与凶年》《为幸福而歌》，1925 年起任教上海美术专门学校、杭州国立艺术学院、广州美术学院；20 世纪 30 年代成名的散文作家丽尼也于新中国成立后任教武汉大学、暨南大学。

以上学院作家的创作成就大体集中在 20 世纪 20 年代至 20 世纪 40 年代之间。这个时代也是学院作家最多、成就最为显著的时代，现代文学史上各类文体的创作名家都榜上有名，可谓学院作家最辉煌的时代。

第四节 我国当代学院作家

一、20 世纪 50—70 年代的学院作家

1949 年第一次中华全国文学艺术工作者代表大会召开，成立了全国文艺界组织——中华全国文学艺术界联合会、中华全国文学工作者协会（1953 年改称作协），作协成为新一辈作家栖身的首选。此外，20 世纪 50—70 年代数次政治运动和高校调整，使老一辈的学院作家大都中断教学或文学创作。纵观此时的文学史，活跃的大都是投身社会政治的作家，如柳青、梁斌、郭小川、贺敬之、李准、茹志鹃、杨朔、秦牧等，他们多是社会活动的专业创作者、政府的文化宣传工作者、党政报纸杂志的编辑。郭沫若作为文化界的领导人，此时期创作了《蔡文姬》《武则天》《郑成功》等具有一定时代政治意义的剧本，与时代、政治过从甚密，成为该时代作家创作的典型特征。

20世纪50—70年代是学院作家集体隐身和失语的年代。相较现代文学的20年，这一时代的学院作家屈指可数。现代文学30年成就卓著的学院作家一部分转向文学研究，一部分转向文学翻译工作，还有一部分在政治运动中去世，较少创作或出版作品。吴组缃20世纪50年代主要从事古典文学研究，发表《吴组缃小说散文集》；钱锺书在该时期完成学术著作《宋诗选注》《管锥篇》；杨绛译著《吉尔·布拉斯》《堂吉诃德》；穆旦在20世纪50年代后期被指为历史反革命，停止诗歌创作，转向翻译《普希金抒情诗集》《唐璜》等作品，直至“文革”结束前夕创作诗歌《智慧之歌》《停电之后》等；冯至著有学术著作和教材《杜甫传》《德国文学简史》，翻译《德国，一个冬天的童话》；卞之琳主要从事莎士比亚等外国作家作品的翻译研究工作，在1951年发表《翻一个浪头》；施蛰存在20世纪50年代转向翻译工作，后期从事古典文学、碑版文物的研究；沈从文1948年开始受到左翼文化界的猛烈批判，新中国成立后在中国历史博物馆和中国社会科学院历史研究所从事中国古代服饰研究；陈铨翻译《两人在边境》；废名著有《跟青年谈鲁迅》《废名小说选》；冯沅君主要从事古典文学研究，参与社会活动；李健吾新中国成立后主要转向法国文学研究，翻译法文、俄文作品，著有报告文学集《山东好》、相声集《原只是一个货色》、散文《雨中登泰山》；李广田著有《散文三十篇》《春城集》。

二、新时期的学院作家

“文革”结束后，1977年全国恢复高考制度，大学教育恢复正常秩序，大批学院作家再度出现。

杨绛，1911年生，任教上海震旦女子文理学院、清华大学、中国社会科学院，著有《洗澡》《干校六记》《我们仨》《走到人生边上》等。

郑敏，1920年生，任教北京师范大学，著有《诗集：1942—1947》《心象》《寻觅集》等。

宗璞，1928年生，任职中国社会科学院，著有《弦上的梦》《三生石》《南渡记》《丁香结》等。

童庆炳，1936年生，任教北京师范大学，著有《淡紫色的霞光》《苦日子甜日子》等。

汤吉夫，1937年生，任教廊坊师范专科学校、天津师范大学，著有《大学纪事》《朝云暮雨》《津门乱弹》《湖边记忆》等。

戴厚英，1938年生，任教复旦大学、上海大学，著有《人啊，人!》《诗人之死》《空中的足音》《往事难忘》等。

毛志成，1940年生，任教北京师范学院、首都师范大学，著有《神秘的箱子》《女大学生梦幻曲》《留下了指纹的孩子》《傻笑与痴言》等。

马瑞芳，1942年生，任教山东大学，著有《蓝眼睛　黑眼睛》《天眼》《女人和嫉妒》《学海见闻录》《煎饼花儿》等。

熊述隆，1944年生，任教江西师范大学，著有《雨窗集》《心潭莲影》等。

周国平，1945年生，任职中国社会科学院，著有《守望的距离》《各自的朝圣路》《善良　丰富　高贵》《岁月与性情》等。

胡辛，1945年生，任教南昌大学，著有《这里有泉水》《地上有个黑太阳》《生命的舞蹈——蒋经国与章亚若之恋》《最后的贵族张爱玲》《陈香梅传》等。

余秋雨，1946年生，任教上海戏剧学院，著有《文化苦旅》《山居笔记》等。

胡平，1947年生，任教南昌大学，著有《世界大串联》《中国的眸子》《禅机：1957》《井冈山，沉思的哲人》等。

谭元亨，1948年生，任教华南理工大学，著有《客家魂》《后知青女性三部曲》《赝城》《一个年代的末页》等。

曹征路，1949年生，任教深圳大学，著有《开端》《山鬼》《只要你还在走》《风儿轻轻吹》《组织部来了个年轻人》等。

郭小东，1951年生，任教广东技术师范学院，著有《1979知青大逃亡》《青年流放者》《暗夜舞蹈》《雨天的曼陀罗》《南方的忧郁》等。

金岱，1953年生，任教江西大学（现南昌大学）、华南师范大学，著有

“精神隧道三部曲”——《侏儒》《晕眩》《心界》《“右手”与“左手”》《千年之门》《如此世界》等。

曹文轩，1954 年生，任教北京大学，著有《草房子》《红瓦》《天瓢》《我的儿子皮卡》《灰娃的高地》等。

南翔，1955 年生，任教江西大学（现南昌大学）、深圳大学，著有《无处归心》《相思如梦》《南方的爱》《失落的蟠龙重宝》等。

阎真，1957 年生，任教中南大学，著有《沧浪之水》《曾在天涯》《因为女人》《活着之上》等。

闫华，1957 年生，任教暨南大学，著有《怪杰徐文长》《万古风流苏东坡》等。

王家新，1957 年生，任教湖北郧阳师范高等专科学校、北京教育学院、中国人民大学，著有《纪念》《游动悬崖》《楼梯》《未完成的诗》等。

徐贵祥，1959 年生，任职解放军艺术学院，著有《仰角》《历史的天空》《特务连》《马上天下》等。

红柯，1962 年生，任教宝鸡师范学院、新疆伊犁州技工学校、宝鸡文理学院、陕西师范大学，著有《西去的骑手》《老虎！老虎！》《天下无事》等。

何大草，1962 年生，任教四川师范大学，著有《刀子和刀子》《午门的暧昧》《如梦令》《李将军》等。

西川，1963 年生，任教中央美术学院，著有《虚构的家谱》《深浅》《游荡与闲谈：一个中国人的印度之行》《让蒙面人说话》等。

格非，1964 年生，任教华东师范大学、清华大学，著有《欲望的旗帜》《塞壬的歌声》《人面桃花》《隐身衣》等。

海子，1964 年生，任教中国政法大学，著有《土地》《海子、骆一禾作品集》《海子的诗》《海子诗全编》等。

孔庆东，1964 年生，任教北京大学，著有《北大往事》《47 楼 207》《井底飞天》《金庸侠语》《空山疯语》等。

徐坤，1965 年生，任职中国社会科学院，著有《白话》《沈阳啊沈阳》《厨房》等。

李洱，1966年生，任教郑州教育学院（现郑州师范学院），著有《花腔》《石榴树上结樱桃》等。

伊沙，1966年生，任教西安外国语大学，著有《饿死诗人》《在长安》《晨钟暮鼓》《中国往事》《士为知己者死》等。

阿袁，1967生，任教江西大学（现南昌大学），著有《长门赋》《虞美人》《郑袖的梨园》《汤梨的革命》等。

倪学礼，1967年生，任教中国传媒大学，著有《追赶与呼喊》《人间烟火》《大学门》等。

葛红兵，1968年生，任教上海大学，著有《沙床》《上海地王》《我的N种生活》等。

梁振华，1977年生，任教北京师范大学，著有《密战》《新青年》《我的博士老公》《冰与火的青春》《神犬小七》等。

第二章　文化身份与学院作家

第一节　什么是文化身份

随着世界经济全球化的进程加快，西方发达国家从“工业”到“后工业”，从“殖民”到“后殖民”时代，妇女解放运动、反种族主义运动、同性恋解放运动频现，“我是谁”“我属于哪个群体”备受关注和争议。安德鲁·埃德加和彼得·塞奇威克曾说：“就文化研究要考察个体与群体在其中建构、解决和捍卫自己的身份或自我理解的各种语境而言，身份问题对于文化研究来说至关重要。”[7] 马克斯·韦伯认为，身份指生活方式，社会尊重，即依据个人的社会地位来赋予他或她以尊重和仰慕。从身份的英文原义讲，身份即是“与……相同”。在文化理论中，身份用来描述存在于现代个体中的自我意识，即“我是谁”“我属于哪种群体”，以及“我是怎样成为谁的”。

身份既具有相对稳定性，又具有断裂性。稳定性表现在某一身份的形成需要多种因素在较长时期的共同作用，并且这些众多因素往往不是我们自主选择的，更多是在潜移默化中悄然作用的。斯图亚特·霍尔在《导言：是谁需要“身份”》中指出，身份认同建立在共同起源或共享特点的认知基础之上，这些起源和特点是与另一个人或团体或和一个理念，建立在这个基础之上的自然的圈子共同具有或共享的。[8] 皮埃尔·布迪厄研究特定群体（阶级）在社会中标志其身份的方式，“在很大程度上我们无法选择自己的身份。我们接受上一代传给我们的文化身份……我们附着于各种群体，无论是俱乐部的还是政治的或宗教的组织，而且我们采用社会群体的认同意象——不管是发型或衣服，以此来确认我们的社会身份。”[9] 断裂性表现在身份并非永恒不变的，它一直处于动态的塑造过程中，主要表现为同一时空境遇下身份主体的复杂性，以及不同时空境遇下身份的转化与变化。身份的塑造是不断地与“非我”或“非自我”——外部世界——的互相作用。[10] “身份从未统一，且在当代逐渐支离破碎；身份从来不是单一的，而是建构在许多不同的且往往是交叉的、相反的论述、实践及地位上的多元结合。它们从属于一个被激进的历史化过程，并持续不断地处于改变与转化的进程当中。”[11]

文化身份由身份延伸而来，关于其内涵及外延文化研究学者没有明确的概念界定。马克斯·韦伯强调文化身份的社会阶层内涵；斯图亚特·霍尔研究多族裔散居，突出文化身份的种族、意识形态内涵；贝尔·胡克斯、朱迪斯·巴特勒等研究同性恋运动、女权主义运动，关注文化身份的性别、阶级等内涵。随着文化身份研究的深入，文化身份的内涵进一步丰富。我国学者阎嘉认为，文化身份的内涵大体有民族、族群、种族、阶级、性别、宗教、职业、语言等多重层面。[12]

与身份集相对稳定性与断裂性于一体相似，斯图亚特·霍尔明确指出研究文化身份的两种思维方式。第一种即为文化身份的相似性和连续性，“把‘文化身份’定义为一种共有的文化，集体的‘一个真正的自我’，藏身于许多其他的、更加肤浅或人为强加的‘自我’之中，共享一种历史和祖先的人们也共享这种‘自我’”。[13] 具有相同文化身份的人群，即使在不同的历史时空中仍具有某些相似的思想、行为和习惯，如一个民族、一个种族、相同性别、相同阶级、相同职业的人群，他们因共享相似的政治、经济、文化、历史、生活环境，从而在意识行为中出现相似的表征。第二种强调文化身份的差异性和非连续性。“还有一些深刻和重要的差异点，它们构成了‘真正的现在的我们’；或者说——由于历史的介入——构成了‘真正的过去的我们’。我们不可能精确地、长久地谈论‘一种经验，一种身份’，而不承认它的另一面——即恰恰构成了加勒比人之“独特性”的那些断裂和非连续性。”[14] 文化身份的稳定性是相对的，随着时代环境的变化，稳定性渐趋瓦解。一是文化身份相对稳定的内涵特征出现变化，如斯图亚特・霍尔提及的加勒比黑人群体，他们在族裔散居中改变了民族的传统的本土的某些意识行为，在新的文化环境中呈现出变化——群体共同的变化。二是即使同一群体的文化身份仍有一些差异。同一群体在不同的时空语境中会出现不同的变化，如加勒比黑人遇到新的文化环境必然出现群体分化的现象。

总体而言，文化身份既具有相似性与连续性，又具有差异性与断裂性。前者为我们探讨某一群体的共同文化身份特征提供了理论依据，后者为我们研究同一群体的差异与变化、历史与未来提供了可能性。

文化身份既存在变化，又复杂多样。雅克・德里达、厄尼斯特・拉克劳、巴特勒均曾指出，身份是通过差异与区别建构的，只有通过与另一方的关系、与非它的关系、与它正好所欠缺的方面的关系以及与被称为它的外界构成的关系，“身份”才能被建构起来。[15] 随着全球化进程的加快，族裔散居成为众多学者研究文化身份的重要背景。一个民族或种族在多族裔散居中才发现本民族与其他民族的差异，并在长期多民族散居的政治、经济、文化、生活环境作用下以及屡次冲突矛盾中，本民族的文化身份开始动摇，并发生细微的变化，建构新的文化身份。新建构的文化身份遇到新的时代环境，再度循环建构，永无止境。

文化身份不是本质的而是被建构的，探讨影响文化身份建构的因素，引导文化身份的良性建构无疑具有重大意义。文化身份的建构，大而言之与时代的政治、经济、文化密不可分，小而言之与国家政策、社会环境、文化氛围紧密相关。有研究者指出，建构资源大致包括自然条件、生理机制、心理机制和社会文化机制。其中，语言、文化遗产、价值观念体系、大众传媒等诸多因素在内的社会文化机制是文化身份建构最主要资源。[16]

第二节　学院作家的文化身份

在文化身份众多的内涵中，种族、族群、阶级、性别是文化研究者关注较多的内容。与之相呼应，族裔散居、意识形态、身份政治、性别政治等成为文化身份研究领域的高频词汇。然而，文化身份的内涵不尽如此，还包括宗教、职业、语言等等。来自或代表哪个国家、种族、阶级或阶层、性别、教育背景、人生经历等共同构成了文化身份的丰富内蕴。

一、作家及其文化身份

作家的文化身份侧重从职业的角度解读其内涵。与普通人不同，作家是与文化共生、亘古至今的职业，其文化身份的内涵与作家这个职业息息相关。

首先，作家作为文化事业从业者直接或间接参与时代文化的建构。但丁、列夫·托尔斯泰、萨特、鲁迅等优秀的作家常被称为文化巨匠，他们大多又是思想家、教育家、政治家或革命家，对所在时代甚至未来时代的文化启蒙、传播发挥着重要作用。

其次，作家通过作品彰显文化身份。大而言之，从革命派作家作品中可以看到其意识形态倾向，从新生代作家作品中可以看到其对传统文化的态度，从旅居海外的作家作品中可以看到种族文化的碰撞。小而言之，我们可以从张炜的小说中看到知识分子的理想主义色彩，可以从陈忠实的小说中看出当代传统知识分子面对儒家文化的困惑，可以从刘庆邦的作品中看到对弱势群体的同情与关注，可以从韩寒、张悦然等“80后”“90后”作家作品中看到新一批年轻作家对人生、艺术追求的不同尝试等等。

再次，作家的文化身份通过作家作品表现，而作家作品的形成又与作家的时代环境、受教育背景、人生境遇相关联。不同民族、不同历史时期、不同人生境遇的作家往往在作品中表现出有差异的文化观念。西方中世纪作品带有明显的宗教色彩，新中国成立后较长时期的作品带有鲜明的政治意识；列夫·托尔斯泰出身贵族，作品内容多关涉上流社会、大场面、悲悯的宗教情怀；狄更斯青少年时期遭遇坎坷，作品多关注底层人物、小场景、对社会的批判。即使是同一民族同一时期的作家，由于人生境遇的特殊性，其作品也表现出不同的文化意义。出生于20世纪30年代的王蒙切身参与过新中国成立初期数次政治运动，担任过团干部、中共中央委员、文化部部长，被错划为右派进行劳动改造，特殊的政治经历使王蒙的作品尤其是早期作品突显出鲜明的政治色彩。而与王蒙同时代的宗璞、马瑞芳等，因其不同的人生经历，作品对政治的感悟和体验就有所区别。

最后，作家通过作品彰显或建构的文化身份影响其他文化身份的建构。作家通过作品传达对世界、社会、个体的看法，塑造某类人物或对某类人物进行价值评判，表达某种人生观、价值观，对读者的文化身份建构产生间接作用。以海明威、威廉·福克纳为代表的“迷惘的一代”作家群，其作品影响了美国20世纪20年代青年的思想和行为方式；新中国成立后较长时期内以政治为主导的文学思维和文学创作也影响了一代人的思想价值观。一般而言，经典作品在不同时代都具有普遍的文化影响，畅销的作品往往能够在当下展现其广泛的影响力。

二、学院作家及其文化身份

相同的身份具有相似的文化身份特征。学院作家的文化身份与作家的文化身份有相同之处，也有来自“学院”的不同之处。

第一，职业的复合属性。学院作家首先是教师，然后是作家，是专职教师与兼职作家的统一体，身兼教师、学者、作家三重身份。与大多数非学院作家仅创作文学作品不同，学院作家还从事教学和研究工作。教学、科研的成果及文学创作成果共同构成了学院作家的文化产品。雷蒙·威廉斯作为名校教授不仅以文学研究著作《文化和社会》《漫长的革命》享誉学界，还以诗作闻名；长期在大学任教的米兰·昆德拉既有闻名世界的小说《生命不能承受之轻》、诗集《人，一座广阔的花园》，也有学术论作《小说的艺术》《帷幕》；叶维廉不仅创作了《东西比较文学模子的运用》《比较诗学》等学术著作，还写出了《欧罗巴的芦笛》《红叶的追寻》等文学作品；鲁迅、朱自清、钱锺书等，也都是拥有较高水准的学术著作与文学作品的典型的学院作家。

第二，社会属性。学院作家的受教育背景、创作理念大体相似，凭借其教师、学者、作家的多重身份，向学生、学术界以及大众传播专业知识、学术思想、文学艺术，并产生一定的社会影响力，担当公共知识分子的角色。

世界各国各个历史时期的学院作家大多拥有良好的教育背景，并在较长时期从事文化教育工作。索尔·贝娄、戴维·洛奇、钱锺书、朱自清等人几乎一生都任职学院。索尔·贝娄曾就读芝加哥大学、西北大学、威斯康星大学并获得社会学、人类学学士学位及硕士学位，后任教普林斯顿大学、纽约大学、明尼苏达大学、芝加哥大学；钱锺书曾就读清华大学、牛津大学、巴黎大学，后任职上海光华大学、清华大学、中国社会科学院。良好的教育背景、学识修养和社会地位使这些学院作家具备了担当公共知识分子的可能性。

学院作家大多从事严肃高雅的文学创作，这使他们的作品能够在更加广阔的时空中产生较大的社会影响力。罗曼·罗兰的作品以“反对战争，争取和平”为主题，“长河小说”对20世纪现实主义文学做出了贡献，也对之后的社会和文学产生了积极深远的影响；鲁迅对中国国民劣根性的深刻剖析、沈从文对理想人性的呼唤也影响了众多作家。

部分学院作家通过社会活动、作品影响力积极介入社会现实、推动时代进程。威廉·戈尔丁曾参与第二次世界大战；五四运动时期的学院作家鲁迅、朱自清、闻一多等以作家或思想家或社会活动家的多种身份为思想启蒙做出了重要贡献。

第三，文化属性。学院作家集知识分子的社会责任感、学者的理性探索、作家的创作于一身，具有丰富的文化意义。

作为人文知识分子，学院作家深知作为知识分子应该坚守的使命：做独立的质疑者和批判者，成为人类基本价值的维护者与推动者。作为学者，他们大多拥有宽广的学界视野、丰富的专业知识、前沿的研究成果，因此看待世界、社会与个体时相对宏观、理性、深刻。作为作家，较通俗文学作家与从事严肃文学创作的专职作家相比，学院作家具有“学院”色彩，或对知识分子自身有深厚的兴趣，或愿意对人类、存在等终级命题进行沉思，或对艺术创新有较高的热情。戴维·洛奇、杨绛、钱锺书多以大学和学术界为背景，擅长描写知识分子；威廉·戈尔丁以《蝇王》为代表的大部分作品致力于探讨人类天生的野蛮与文明理性的斗争；鲁迅对中国现代小说，徐志摩对中国现代新诗都具有开创之功。学院作家的文化意义是多维度的，总体上具有精英的立场、超越的价值追求、理性的诉求、开拓创新的能力与胆识、较高的艺术热情和艺术品位等等。

当然，任何身份都不是预先的表演，而是在实践的差异中确立的。学院作家独特的文化身份也非本质性的预先设定，而是在当代文坛格局中突显出来的。

第三节　当代文坛与当代学院作家

从作家的职业属性看，中国当代文学格局大致可分为三部分：隶属各级作协的专职作家、学院作家、社会型作家群体。

作协的专职作家，在各级作家协会从事专业写作，在国家政治经济体制的保障下数量众多，在当代文学领域中占据着重要的位置。据统计，代表中国最权威的文学奖茅盾文学奖和鲁迅文学奖，其历届获奖作家绝大多数都是中国作协的专职作家。以茅盾文学奖为例，第九届 41 位获奖者中，只有宗璞、阿来、格非、金宇澄等 8 位作家在获奖前不是中国作协的专职作家。此外，国家军队专职作家隶属国家军队，也与作协专职作家归为一类。

学院作家，自有高等教育起出现，历史悠久，数量可观，如前文提及的较有成就的现当代学院作家超过 50 位，加上港台的学院作家，逾 100 位。其作品在各个历史时期都彰显了重要的文学文化意义或广泛的社会影响力。

社会型作家，既不是作协的专职作家，也不隶属某学院，而是来自社会各阶层各行业的面向市场面向大众写作的职业或非职业的写作群体。这类作家可分为两类：一是如记者、编辑、公务员、中小学教师等非职业化的以创作严肃文学为主的作家；一是大众文化或曰通俗文学写作的市场化作家。后者是当下大众文学的主要创作力量，从事大众文学生产，迎合大众的精神需求。他们也被称为游走于政治—政府—市场—大众之间所谓的“后知识分子”，出众者时常登上畅销书排行榜，是当下名利双收的作家，如大部分“80后”“90后”作家、网络作家。

专职作家自新中国成立后一直占据中国文坛的中心，总体上仍受国家体制保障和某些制约；社会型作家也可称之为自由创作者、大众文化作家，相较于作协的专职作家，他们拥有更多自由，但同时由于缺乏体制保障使他们大多数不得不适应市场经济法则，进行所谓的“文化工业”生产。当然，自由创作者也有少部分纯文学创作者，比如退出作协但仍从事严肃高雅文学创作的作家、热爱纯文学的自由创作者。

因其具有独特性，所以学院作家单列其中。从创作立场来看，较高的受教育程度、高校（学院）教师的身份、学者的理性探索，使学院作家创作总体上呈现精英的价值取向，如人文性、超越性、前瞻性等，与通俗文学的大众性、娱乐性、瞬时性等大为不同；从创作状态来看，学院作家的写作是教学科研之余的文学尝试、休闲爱好或理想追求，相对自由、独立；从创作文本来看，人文学科教师、学者的职业身份赋予了学院作家丰富系统的知识、理性思索的习惯，在作品中表现为知识性、思想性突出；从创作主题来看，知识分子的身份、学院的工作生活环境直接影响了大多数当代学院作家的选材，对知识分子群体的关注、学院的背景成为大批学院作家创作的独有风景；从艺术追求来看，学院作家大部分为文学专业学者，在创作中一方面坚守文学性，在艺术上着意纯艺术的追求，一方面坚持文学的创新与实践，具有实验性、探索性、先锋性。

近十余年来，众多的专职作家走向学院，但复合的职业身份赋予了学院作家一些专职作家缺失的文化特质，专职作家与学院作家的文化身份内涵不尽相同。虽然专职作家转变身份成为学院作家，但文化身份的形成是一个渐进的过程，专职作家转变为名副其实的学院作家也需要一定的时间。

第四节　从文化身份视域研究当代学院作家的意义

中共十七届六中全会明确提出，进一步深化改革开放，加快构建有利于文化繁荣发展的体制机制……建立健全党委领导、政府管理、行业自律、社会监督、企事业单位依法运营的文化管理体制和富有活力的文化产品生产经营机制，发挥市场在文化资源配置中的积极作用，创新文化走出去模式，为文化繁荣发展提供强大动力。中国作协作为国家体制内的文学机构，其改革不可避免。郑渊洁炮轰作协，“中国是全世界唯一给作家评职称的国家。中国有一级作家、二级作家。给作家评级，只有读者有此权力。”[17] 余开伟、黄鹤逸、夏商、李锐、张石山等相继退出作协。作协改革，数量庞大的作协作家何去何从？契约制是大部分国外作家的生存方式，中国也在逐步推行。2004年4月23日，广东省作家协会公布了第二届签约作家名单，标志着广东正式打破专职作家终身制，代之以全新的选题签约制。其后广西、上海、河北、陕西等地也相继实行。随着文化体制改革的深入，越来越多的专职作家走向高校，成为学院教师。学院能够为作家提供较好的创作平台，使他们既可以保持较高的社会地位和经济地位，又可以继续从事文学创作。

专职作家变身学院作家，这是身份的转换。引入文化生产、文化身份等文化研究理论，从多角度探析学院作家的文化身份内涵、文化身份的塑造、文化身份与时间、空间的关系，具有一定的开创性和文学文化意义。

与此同时，中国正处于大众文化极速发展的时代，大众文化的日益繁荣是时代发展的必然趋势。法兰克福学派的学者们将大众文化生产称为文化工业，或许有些偏颇但却能看到商业时代文化的某些实质。从文化生产来看，利益驱动下产品批量生产快速而雷同，内容多煽情、娱乐、媚俗，缺乏创造性和想象力；从文化消费来看，即时享乐、简单重复而被动；从文化意义来看，“严肃”“神圣”“深刻”等不断被消解。

如何引导大众文化向更理性、健康的方向发展？当尼尔·波兹曼说出“其（大众文化）结果是我们成了一个娱乐至死的物种”的时候，尤其需要一批在精神领域有着终级理想追求的精英文化生产者。他们数量不必太多，但却是一个重要的精神存在，警醒着不断膨胀的大众和大众文化。从文化生产层面看，学院作家同时从事教学科研和创作，往往在艺术创作方面富有先锋性，表现为文学理论的探索与实践，即将自己的文学理念应用于文学创作，在创作中力求突破创新，实践新文学形式或表现方法。这与千篇一律的极度缺乏创造力的大众文化生产相比，截然不同。从文化意义层面看，当代学院作家中的精英知识分子追求人文精神，关注精神领域，注重人格的完善，“关怀心灵”“关心人们的精神升华与人格濡养”，追求“深刻、崇高和博大的高雅文艺”[18]，是文学文化领域不可或缺的精神存在。学院作家突出的先锋性，坚持在文学艺术方面的探索，对于维护文学本体和文学的地位、引导大众文化的健康发展的作用不可小觑。

“越是在资本横行、大众狂欢的时代，越需要建立精英标准，而这正是学院派的义务。或者可以说，这是网络时代对当代文学研究的从业者提出的新要求。”[19] 当代学院作家凭借其总体上的精英文化身份和精英品质追求引导大众文化，应是未来文学、文化领域的必然趋势。当学院作家曹文轩谈到自己的创作动机时，曾多次提及自己对当下儿童文学、幻想文学的不满与忧虑。“我对当下幻想文学的犹疑与担忧，还不仅仅是因为幻想本身的质量，更重要的是因为我深刻感觉到了文学在这里的缺席与放逐。”[20] 与此同时，曹文轩在创作中试图凭借突出的艺术性“对不尽如人意而又风风火火的幻想文学这么搅和一下。”[21]

第三章　当代学院作家的非职业化写作

雷蒙德·威廉斯认为，文化包括作为艺术或智力活动的文化，作为生活方式的文化，作为发展意义的文化。学院作家教师、学者、作家的复合职业身份丰富了他们的文化生产类型，学术研究成果、文学作品，公开的言论、个人的生活方式，都是其文化产品。广义的创作指文化生产，狭义的创作指文学创作，是文化生产作为艺术或智力活动的一部分。

学院作家复合的文化身份对其文学创作产生了直接的影响，其文学创作呈现两大特点，一是非职业化写作，一是鲜明的“学院”色彩。非职业化写作使其具有相对自由的写作姿态，而从事的职业又影响着学院作家的价值取向和艺术风格。从创作立场来看，学院作家不仅具有来自学院的理想主义色彩，在总体上还致力于严肃高雅文学的创作，追求人文性、超越性和探索性。从文本来看，文学研究与文学实践相互映照，题材、主题以及艺术风格也呈现学者特色。

第一节　当代学院作家的创作状态

学院作家主业是教学科研，副业是创作，为非职业化写作。一方面，与体制内的专职作家和面向大众的社会型作家相比，他们不必过度受制于政治体制和经济需求，相对具有更多的创作自由。另一方面，当代学院作家的文学创作与教学科研互为补充，呈现出学术研究与文学创作牵连的特征。

一、创作的相对独立性

金岱较早论述“非职业化写作”，他认为，在声景时代，“文学的生存之道就在于不与影视艺术拼市场，不将文学写作当饭吃，而是走上非职业化写作的路”。非职业化写作可以避免创作中过于功利的心态，写得较为轻松。[22]

学院作家从事的非职业化写作即是如此。从物质基础来看，他们作为学院的教师和学者，有稳定的收入来保障基本生活，没有生存压力束缚创作；从创作环境来看，他们拥有学院相对宽松的写作氛围、具有较多自由支配的时间；从精神需求来看，按照马斯洛理论，他们的创作居于较高层次的精神需要，看重精神产品的价值、思考的意义，渴望与人分享、讨论精神世界的问题，创作成为他们主要的表达、交流方式甚至是生活方式。金岱将文学的非职业化写作大致分为三种情况：自我休闲、修身的方式、追求的事业。[23]对于学院作家而言，三种情形共而有之，既是教学科研之外的附属品，也是精神世界的需要、一种生活方式的选择、人生价值的实现方式。周国平也曾说“文学是心灵生活的一种方式。一个人认真倾听自己灵魂的声音，为它寻找语言的表达，这就已经是文学了。本真意义上的文学是非职业化的，属于每一个热爱生命的人。”[24]

非职业化写作为学院作家提供了自由写作的可能性，同时，自由写作又与知识分子理想的独立品格相契合。因此，在一定程度上可以说，独立自由的表达成为学院作家写作可以企及的理想状态。

现代文学时期处于启蒙的突进时期，社会时局激烈变化，中国传统知识分子精神以及西方民主平等思想共同作用，作家创作多元化。鲁迅对社会的激烈批判，徐志摩对理想与艺术的执着追求，沈从文倾心打造理想中的人性桃花源，钱锺书潜心学术研究，都体现出了学院作家作为人文知识分子不与权威为武，不为名利所囿的独立立场。

进入新时期以后，市场经济的迅猛发展使学院作家面临考验。是迎合市场和大众成为名利双收的赢家，还是潜心学术研究与创作成为默默耕耘的精神坚守者？杨绛、郑敏、宗璞退休多年继续创作，个人利益已不是他们的人生所需，自由独立地表达才是他们的内在需求和理想生存方式。相较年轻一代的作家阎真也曾明确表示："我是以对艺术负责的态度进行小说写作的，基本没有考虑过畅销的问题。忠于现实，忠于自己内心的声音是我的原则，我不会因市场的考虑而改变自己的写作态度。"[25] 从作品来看，在20世纪60年代末之前出生的学院作家，杨绛、宗璞、曹文轩、金岱、阎真等较少受市场经济、大众文学的牵制。曹文轩的《忧郁的田园》《甜橙树》《山羊不吃天堂草》《根鸟》等多是对童年乡村生活的追忆、儿童成长历程的思考，戴厚英的《诗人之死》《人啊，人!》《空中的足音》和金岱的"精神隧道三部曲"——《侏儒》《晕眩》《心界》是对知识分子精神状态和价值构建的探讨。这与大众喜闻乐见的、以休闲娱乐为主的家庭伦理、商业职场、历史奇幻等类型的通俗文学在内容与意义方面都有较大差异。当然，并非所有的当代学院作家都坚持创作的独立品格。例如，孔庆东、葛红兵作品的畅销不能不说其作品与市场需求之间有某些暗合之处。孔庆东也曾表示自己的"庆东体"是一种为了应对新世纪的媒介环境而进行的文体实验，他想用轻松活泼的笔调把对时事的看法和自己的学术思想、思考，形成一种大众喜闻乐见的有思想启发、又有精神补给功用的文字。[26]

二、文学研究与文学创作的相互映照

学院作家从事非职业化写作，其创作与从事的职业紧密相关。学院作家的文学创作与其文学研究、时下的文学思潮三者有着较为密切的关联。在现代文学的30年间，大部分作家都是学院作家，如杨振声、刘半农、许地山、袁昌英、洪深、徐志摩、苏雪林、朱自清、闻一多、俞平伯、冯沅君、废名、冯至、梁遇春、李健吾、李广田、钱锺书、卞之琳、穆旦、鲁迅、老舍、冰心、曹禺、周作人、沈尹默、王统照、沈从文等。不管是20世纪20年代大量引入外来文艺思想、推动文学革命进程，还是20世纪30年代的革命文学运动思潮与人文主义文学思潮，学院作家都在其间发挥着引领和促进作用。

随着文艺复苏和大量西方文艺思想被引入，文学的"去政治化"或文学本体的回归成为文学界讨论的核心问题，伤痕文学、反思文学、寻根文学、先锋文学、新写实小说轮番登场。这一时期的学院作家较现代文学 30 年数量减少，他们不再居于政治、文化的中心，也不在文艺思潮中扮演着学者、作家的角色。戴厚英的《人啊，人!》《诗人之死》《空中的足音》、金岱的《侏儒》都从“人”的角度反思了历史，与 20 世纪 80 年代关于文学中人性、人情、人道主义、主体性问题的讨论相应和。20 世纪 60 年代以后出生的创作初露头角的学院作家如格非、伊沙、海子、徐坤，其作品几乎都与 20 世纪 80 年代后期掀起的方法论相应合，格非在先锋文学中占一席之地，海子逝世之后声名远播。20 世纪 80 年代末至 20 世纪 90 年代以来，随着商品经济时代的到来，精神领域的危机成为文学界关注的热点，在人文精神的探讨中，学院作家成果卓著。戴厚英的《悬空的十字路口》《脑裂》，杨绛的《洗澡》，金岱的《晕眩》《心界》，宗璞的“野葫芦引”系列，马瑞芳的《蓝眼睛　黑眼睛》《天眼》《感受四季》，郭小东的“中国知青部落三部曲”等，大都探讨了在不同政治、经济、社会环境下，知识分子精神世界的裂变，探寻了建构人文精神的途径。此外，与以市场经济为主导的文化大环境相适应，当代部分学院作家的创作都主动或被动地与大众市场需求相契合，在商品经济时代取得了不俗的成绩，如周国平的哲学散文、余秋雨的文化散文、孔庆东的随笔、葛红兵鲜明的个体写作。

人文学者、教师的身份使当代学院作家的文学研究与文学创作具有互文性。阎真说，“在创作中常常不自觉地把理论渗透到创作中去。我认为这两者无矛盾，是相辅相成的，能够形成良性循环。”[27] 仔细分析当代学院作家的学术研究成果与文学作品会发现两者互补，相互影响和促进。于慈江通过研究杨绛的翻译、研究与创作的关系认为，杨绛对菲尔丁、奥斯丁、萨克雷作品的评论跟她的创作风格一致。“萨克雷善于叙事，写来生动有趣，富于幽默。他的对话口角宛然，恰配身份。他文笔轻快，好像写来全不费劲，其实却经过细心琢磨。”[28] 品萨克雷如同评杨绛，不能不说，杨绛的研究与文学创作有相当紧密的关系。这种情形在当代学院作家中比较常见。马瑞芳研究《红楼梦》《聊斋志异》也是如此，不管是作家本人还是读者品评，都认为其小说、散文深受《红楼梦》《聊斋志异》的影响；周国平是中国社会科学院哲学研究所的研究员，他在散文中对生命哲学的抒写是对尼采研究的延续和文学表达；余秋雨研究戏剧，有研究者认为其散文具有悲剧意识、戏剧悬念、情境及冲突等戏剧元素；[29] 郭小东研究知青文学，著有《中国知青文学史稿》，文学作品也主要为知青题材；金岱的“精神隧道三部曲”及其他中短篇小说创作，与其多年来一系列的文学主张如“个人本位文学”“意义的先锋”“文学作为生存本体的言说”，以及20世纪90年代提出的“重建精神规则或曰新人文精神”、近年关于“文化建构主义与再启蒙”等观点，原本就是互相诠释和补充的关系；曹文轩的多数作品被称为“成长小说”，其学术研究或学术活动也相应地关注儿童文学，如多次在全国儿童文学理论研讨会上探讨儿童文学的现状和建构途径；[30] 葛红兵对“以休闲、感觉、性爱为内核的都市文学”、新媒体时代的文学、身体写作的研究，都与他创作《沙床》《我的N种生活》的个体写作、关注并适应都市文化相得益彰。

第二节 当代学院作家的创作立场

当代学院作家较高的受教育程度、高校（学院）教师的身份、学者的理性探索，使其在创作总体上呈现精英立场的价值取向，如人文性、超越性、前瞻性等，与通俗文学的大众性、娱乐性、瞬时性等有明显差异。主要表现在以下两个方面。

一、致力于严肃高雅文学创作

金岱认为现代社会的文化从某一角度上看可以分为通俗文化、严肃文化与高雅文化。[31]（严肃文学与高雅文学有一定区别，但本书不加细分，而将严肃、高雅文学连用，只区别于通俗文学）通俗文学在大众需求、市场运作、媒介策略等多重因素共同作用下发展迅猛，通俗文学作家大多也因此名利双收，但其“文化工业”的特征也愈加明显：作品的类型化，内容的单一重复性，瞬时的感官娱乐性，意义的缺失等。严肃文学与高雅文学创作者往往创作态度严肃理性，对作品有较高的品质要求和理想追求；内容上着意表达与探索社会现实、人生人性、生存生命、精神世界的价值和意义，指向超越现实的终极理想；艺术方面坚守纯文学性，重视文学技巧的实践与创新。

当代学院作家总体上从事严肃文学与高雅文学创作。杨绛的《洗澡》《干校六记》《我们仨》《走到人生边上》，汤吉夫的《大学纪事》《朝云暮雨》《津门乱弹》，戴厚英的《人啊，人!》《诗人之死》《空中的足音》，马瑞芳的《蓝眼睛　黑眼睛》《天眼》《感受四季》，曹征路的《开端》《组织部来了个年轻人》，郭小东的“中国知青部落三部曲”——《1979 知青大逃亡》《青年流放者》《暗夜舞蹈》，金岱的“精神隧道三部曲”——《侏儒》《晕眩》《心界》，曹文轩的《山羊不吃天堂草》《红瓦》《灰娃的高地》，南翔的《无处归心》《相思如梦》《南方的爱》，王家新的《纪念》《游动悬崖》《楼梯》《未完成的诗》，红柯的《西去的骑手》《老虎！老虎!》《天下无事》，何大草的《刀子和刀子》《午门的暧昧》《如梦令》《李将军》，西川的《虚构的家谱》《深浅》《让蒙面人说话》，格非的《欲望的旗帜》《塞壬的歌声》《人面桃花》《隐身衣》，徐坤的《白话》《沈阳啊沈阳》，葛红兵的《沙床》《我的 N 种生活》，等等，从作品的意义与艺术追求来看，都是严肃高雅文学。①

当代学院作家创作严肃高雅文学的价值取向与他们的创作动机有关。多数学院作家创作缘于对文学艺术的追求，或知识分子责任感的驱动。金岱在《“右手”与“左手”》的附记里写道，我的事业是文学与思想，文学与思想的本质是精神求索。我必须面对我无可回避的我的使命，我总得尽自己的微力奉献在这一伟大的使命中。[32] 李洱“一直想用小说的方式探究知识分子在历史和现实中的困境，探究个人存在的意义”。[33] 曹文轩说，“我只是想去写一些好的作品。我希望自己的写作是不朽的，我相信（文学）有恒定的、永远的、基本的东西，这些东西我要抓住。”[34]

---

① 此处举例以学院作家的出生时间为序。

当代学院作家总体上从事严肃文学与高雅文学创作，也与他们的文化身份密切相关。其一，非职业化的创作使他们具备了选择创作类型的可能性。其二，他们多数为文学专业的从业者，主要从事严肃文学与高雅文学的研究并深受其影响。其三，他们总体上接受过较好的人文教育和专业学习，价值取向更具理想色彩，更加关注精神领域，侧重意义与艺术的理性探索。

二、现实介入与批判精神

从精神层面讲，大多数当代学院作家作为人文知识分子保持了知识分子的社会责任感和历史使命感，表现为对社会现实的关注与批判精神；从文学创作方面讲，当代学院作家延续了五四文学关注社会的文学传统。

“文革”结束后，戴厚英先后创作的《人啊，人!》《诗人之死》《空中的足音》《脑裂》，反思了“文革”期间人的主体性的丧失，探讨了人与社会体制、经济体制的关系；杨绛创作的《洗澡》《干校六记》，反映了知识分子的精神改造运动。在20世纪八九十年代思想文化界掀起人文精神大讨论的前后，金岱的“精神隧道三部曲”通过抒写个体体验揭示了当代知识分子侏儒、晕眩的精神状态，探索了当下知识分子应有的精神追求；马瑞芳的《蓝眼睛　黑眼睛》《天眼》《感受四季》以大学为主要背景，关注了老中青几代知识分子的不同价值取向；周国平的《迷者的悟》《爱与孤独》《各自的朝圣路》抒写了当下个体的精神状态；南翔的《大学轶事》《没有终点的轨迹》《哭泣的白鹳》指涉民国、“文革”当下不同历史时期，关注大学精神、普通人群及生态文化；汤吉夫的《大学纪事》深刻批判了中国当代大学的官本位文化、非理性的跃进式发展；阎真的《曾在天涯》《沧浪之水》关注了知识分子精神在政治、经济、物质重重挤压下的挣扎、困惑、妥协与迷失。随着市场经济的纵深发展和全球化进程的加快，格非的《欲望的旗帜》、“江南三部曲”、徐坤的《厨房》《一个老外在中国》、葛红兵的《我的N种生活》《沙床》《财道：富人向天堂》抒写了现代人的生存、欲望、迷茫；曹征路的《问苍茫》《那儿》《霓虹》因目光触及新世纪的“工人阶级”而被评论者称为“左翼叙事”或“底层叙事”；李洱的《石榴树上结樱桃》执着对中国当代乡村的叙述。

“知识分子对于政治和社会所采取的态度，不外抗议、疏离、退隐三种。当他们不满于现实时，则抗议要求改革，抗议不遂，则产生疏离，进而顿生退隐之念，不再过问世事。抗议和疏离都是积极的，退隐是消极的。”[35] 当代学院作家对社会的介入不但有抗议和批判，如杨绛、宗璞、戴厚英、汤吉夫、金岱、南翔、阎真、徐坤，还有少数建构者，如金岱关于全球化时代中国经济文化转型时期的文化现代性建构。疏离也有多种情况，有的是表面的疏离，实际通过构建乌托邦介入社会现实，有的则通过较纯粹的艺术追求表现疏离，如沈从文、废名、曹文轩、红柯的部分作品。或批判或疏离，学院作家总体上具有人文知识分子应有的社会担当，并通过不同创作风格的作品关注、干预社会现实世界。

第四章　当代学院作家的“学院”特质

当代学院作家大多受过科学系统的大学教育和专业教育，知识涉猎广泛，理性思考贯穿其中，后又长期从事大学（学院）教学工作，知识不断更新与丰富，同时学院作家进行的学术研究以深入思考、理性探索为主。作为大学教师、学者，学习、思考是工作的需要；作为具有较高理想追求的个体来讲，学习、思考是精神生活的需要。伴随着学习、思考进行的是阅读和写作，阅读是学习的主要途径，写作是表达和交流的主要途径。阅读、学习、思考成为大多数学院作家的工作方式和生活方式。与之相应，职业身份以及职业身份影响下的生活方式赋予了学院作家鲜明的学者特色。

第一节　当代学院作家创作的理性诉求

一、知识性

当代学院作家大多熟读古今中外的经典文学作品，广泛涉猎哲学、历史等人文学科，在创作中表现出渊博的学识。

1. 历史文化知识

首先，当代学院作家的知识性特征突出表现在报告文学和散文中。胡平的《被遮蔽的美丽：中国女红文化》介绍了中国传统女红的文化功能、人文意蕴、文化类型、艺术特性；余秋雨作为文科教授，历史、文化知识深厚，其文化博古通今，作品中多是介绍人文遗迹的由来始末、岁月变迁，其中包括历史典故、人物故事、文化内蕴等；杨绛、宗璞的纪实性散文回忆了杨荫杭、杨荫榆、钱锺书、冯友兰等文化名人的生平事迹；马瑞芳的散文《学海见闻录》记录了中外许多名家学者的人生片段，这些作品在一定程度上具有很高的史料价值，读者可以从中获取大量的历史人文知识。其次，在当代学院作家富有特色的小说中蕴涵着丰富的知识。《感受四季》的主角是位历史学家，人物的言谈举止也常涉及文史，作者（马瑞芳）还特意请了几位历史学家、考古学家和古汉语学家阅读原稿，听取意见。[36] 有些学院作家在较长时期致力于某方面的学术研究和文学创作，因此作品在其关注的领域相比其他作家具有更完整、准确的知识。郭小东主要从事知青文学研究，从其“知青三部曲”中可以窥见知识青年下乡的历史。《中国知青部落》“写的是云南知青返城那一幕，从这一个角度表现知青运动的一个侧面，有助于我们对全国的知青运动有个全面的认识和了解。”[37] 红柯在新疆生活了10年，从其穆斯林民族的故事中可以了解到西北少数民族的发展变迁和历史事件；谭元亨研究客家文化，从《客家魂》《客家女》系列作品中可以读到客家人的生活习俗、历史变迁和文化内蕴。

2. 专业知识及运用

除了历史文化知识较多表现于部分当代学院作家的作品中，还有一些较专业的知识也出现在部分当代学院作家的作品尤其是随笔中。如金岱的学术随笔《“右手”与“左手”》《千年之门》《如此世界》，葛红兵的随笔《街边的主题》、演讲集《横眼竖看》，格非的随笔《文学的邀约》、曹文轩的随笔《第二世界》等等，这些学院作家均宏观或微观地讨论了文学领域的专业问题，其中包括对文学术语、西方哲学、文学理论以及作者学术思考的讨论等。当代较多学院作家都著有学术随笔，介于文学创作与学术研究、感性与理性之间，知识的专业性较强。

此外，当代学院作家将文学知识融进文学创作中。杨绛、宗璞、汤吉夫、戴厚英、马瑞芳、金岱、南翔、阎真、格非、孔庆东、李洱、葛红兵等作家都有以大学知识分子为描写对象的作品，其间高校知识分子的工作、生活，尤其是人物对话、思考都与专业知识相关。杨绛的《洗澡》以文学研究所为背景，里面涉及许多文学常识；李洱《午后的诗学》的主人公费边，出口即有关文学哲学；汤吉夫的《大学纪事》也叙写了主人公的文学学术活动及学术思考；阿袁的小说，“总能把当下的人和事，与诗经，与唐诗宋词，与京剧昆曲打成一片，从而构成了一种极具张力的喻说方式。”[38]

二、思想性

从价值取向上看，学院作家往往具有鲜明的理性诉求，表现为作者理性的思考，对社会问题或精神世界形而上的求索，如对现代性的追求，对人文精神的呼吁，对终级意义的探询等。学者丰厚的专业知识背景给学院作家提供了理性探询的能力和兴趣；人文知识分子天赋使命感的精神传统推动着他们追寻价值意义。各种因素的共同作用，直接或间接促使大多数学院作家的创作立足高远，他们着意探讨的意义常常关乎个体生存、生命或精神、终极价值等，其作品较其他类型作家的作品往往在揭示精神、意义方面更见功力。

一是对社会人生深入的剖析，对精神世界理性的探索。汤吉夫的《大学纪事》对大学体制、发展状况进行深度的反思；徐坤剖析女性入木三分；南翔探讨区域经济差异带来的移民生活、伴随经济发展的生态问题；戴厚英的每部作品都关注人性的自省，人与政治、经济体制的关系；李洱、格非着力书写中国知识分子的精神困境和生存状态；曹文轩试图用成长小说呼唤真诚、自然、健康的天性。

二是鲜明的哲学意味。金岱的小说被评论界称为哲学心态小说、哲学化的小说，关注当代社会转型时期知识分子侏儒、晕眩的精神状态，对其产生的缘由、精神突围的途径进行了探索，从内容到艺术都具哲思意味。周国平作为哲学研究者，其散文的哲学思辨意味远远大于其情感的抒写、语言的美感；郑敏深受哲学影响，在新时期创作的诗歌被评论者称为“善于把哲理和思辨融入形象”“贯穿着对宇宙、自然和人的哲学思考”[39]。

三是对个体精神世界刻意而细微地关注。当代学院作家总体上重视精神领域的探索，表现为对个体精神世界具体而深入地剖析。同样是知识分子题材的小说，王跃文的《国画》着力展现三种类型的知识分子的不同选择与境遇，戴厚英的《人啊，人!》《脑裂》、阎真的《沧浪之水》、金岱的《晕眩》着意展示知识分子在新时代政治经济的双重挤压下艰难抉择与蜕变的痛苦，均用大量笔墨展现知识分子面临困境时的沉思、冥想，甚至有大段暗合作者评判性的思辨。葛红兵的《我的N种生活》《沙床》以自传式的灵魂独白叙写了个体精神世界孤独、虚无、恐惧、怯懦等情感体验。

第二节　当代学院作家创作的艺术追求

一、文学性

当代学院作家的学识修养、非职业化的写作状态共同促使他们的创作相较通俗文学作品而言文学艺术性显著，如总体上追求较高的艺术品位，在语言、结构、艺术技巧等方面有较高的要求，具有较纯粹的审美价值。他们对文学审美价值的追求各具特点，或重视意境的营造，或重视语言文字的表达，或以抒情见长，或以结构的构建见长。

曹文轩擅长抒发乡土情怀，营造古典美的意境。他说“我始终将审美的维度视作作品的生命线”[40]。其作品《草房子》《红瓦》《根鸟》《青铜葵花》《天瓢》《山羊不吃天堂草》等或抒写儿童眼中的世界，或抒写成长与苦难，或抒写人与自然，重视语言的锤炼，整体上呈现出孤独、忧郁、美好、节制的情感氛围。乡土情怀也以抒情的形式表现在海子的诗中，水、麦地、太阳等意象反复出现，表达了生存的焦虑和生命的理想。

格非、李洱非常重视作品的叙述结构与技巧。早年先锋文学重视文本形式的创作特征贯穿于他们后来的创作中，格非小说创作以“叙事空缺”“多重叙述”为特点，文本中反复出现时间、雨、冥想、梦境，为作品平添了一份神秘的色彩和抒情的意味。李洱的《花腔》以不同人物的视角交叉叙述，历史、记忆、现实多声部对话，《导师死了》《喑哑的声音》也呈现出多重视角、回忆与现实交融的文本特点。

从语言方面来看，杨绛的语言质朴诙谐，曹文轩的语言明朗典雅，金岱、周国平的语言诗性与思辨交融，红柯的语言汪洋恣肆，徐坤的语言锐利与反讽。语言的大胆实践在新生代学院作家中比较普遍，如徐坤的作品表现为文本的互文、拼贴，文体的仿写、混写；脏乱丑的物象大量出现在伊沙的诗歌中，呈现审丑的后现代意味。

此外，葛红兵小说的自传式叙写、对个体灵魂的深度剖析，红柯小说中由音乐、想象、激情营造的诗意，都别具审美特色。

二、探索性

学识使学院作家具备了文学探索的专业水平和可能性，学者的理性探索和价值取向又直接催化了文学创作的探索性。他们或将自己的文学理念应用于文学创作，或实践新文学形式或表现方法。

其一，相较于文学传统和文学现状，进行具有开创或开拓意义的文学实践。这一点，从现代学院作家那里看得尤为清楚。鲁迅为中国现代小说奠定基础，朱自清、周作人对中国现代散文做出重大贡献，刘半农首先尝试无韵诗、散文诗，闻一多提出诗歌“三美”理论并进行实践，徐志摩提出格律诗理论并进行实践等。当代学院作家延续了探索性的创作品格，但与现代学院作家开创性的探索不同，他们大多在当代文学领域开疆拓土，对文学意义的深度和广度，对文学的可能性、丰富性和多元化做出了贡献。余秋雨融合历史、文学、文化，将文化散文发扬光大，使其具有更大的文化影响力；曹文轩致力于儿童文学，尝试并开创了中国的成长小说；金岱用文学形式进行哲学思考，提出了“文学作为生存本体言说”的观点，并以哲学心态小说进行文学创作实践，其所致力的具有中国文化特点的本体体验、结构象征、小说与哲学随笔融为一炉等实验性写作都对当代文学具有开拓意义；格非、李洱早期的先锋文学实践在文本的结构、语言艺术、意义等方面进行了创新。此外，何大草的《衣冠似雪》《午门的暧昧》《盲春秋》，南翔的小说集《前尘：民国遗事》，红柯的《阿斗》《西去的骑手》，李洱的《遗忘》《花腔》等“新历史小说”通过现代人的视角观照古人，传递作家对真实与虚构、现实与历史、存在与虚无等的哲学思考；葛红兵早期创作鲜明的个体写作特征，阿袁的无对话解说式的小说叙事都丰富了文学类型和文学技巧。

其二，当代学院作家的探索还表现在关注题材、创作风格或审美价值的变化上。学院作家一直处于文学研究的前沿，熟知最新的文学思潮和文学发展趋势，同时随着时间的推移和知识的不断积累，作家的创作往往转型开始新的实践。南翔自 20 世纪 80 年代开始创作，作品题材涉及民国、“文革”、大学、生态等；汤吉夫 30 年的创作对小说文体存在体验性研究，既有“规范”篇章，又有笔记体作品；格非、葛红兵在一段时期的“先锋”创作之后，都不约而同地向传统致敬：《欲望的旗帜》、“江南三部曲”从内容上看更接近社会现实语境，以《沙床》《我的 N 种生活》等个体写作成名的葛红兵也转向对现实都市金融业、地产业、财富的关注，如《财道》《上海地王》。

第三节　当代学院作家创作题材的学院视域

纵观当代学院作家的作品，无一例外，他们关注社会问题、人生意义、生命体验等，但焦点指向学院的主体——知识分子自身。杨绛、郑敏、宗璞、汤吉夫、戴厚英、马瑞芳、金岱、南翔、阎真、格非、孔庆东、徐坤、李洱、阿袁、葛红兵都有大量以知识分子为主要描写对象的作品。每一位学院作家笔下的知识分子，正面或负面的形象，在不同的历史语境中遭遇各异，但总是伴随着精神世界的困惑、挣扎。同时，学院作家的工作生活环境以大学校园（研究院）为主，高校（研究院）也是多数知识分子主要的人生舞台。因此，“学院叙事”和知识分子的“病候学”诊断成为学院作家文学创作的特别现象。

一、学院叙事

所谓“学院叙事”，是以学院为主要背景、以学院人物为主要描写对象的文学创作。陈平原曾梳理了我国现当代文学中的“大学叙事”，其中多为学院作家作品，如老舍的《赵子曰》、沈从文的《八骏图》、钱锺书的《围城》、鹿桥的《未央歌》。[41] 此外，还应列入杨绛的《洗澡》，戴厚英的《人啊，人!》《空中的足音》《脑裂》，马瑞芳的《蓝眼睛　黑眼睛》《天眼》《感受四季》，金岱的《侏儒》《晕眩》《心界》，南翔的《大学轶事》，汤吉夫的《大学纪事》，曹征路的《大学诗》《南方麻雀》《有一个圈套叫成功》，李洱的《遗忘》《导师死了》《夜游图书馆》，孔庆东的《47 楼 207》，葛红兵的《沙床》，格非的《欲望的旗帜》，阎真的《因为女人》、阿袁的《子在川上》等。学院叙事一般有两种情形，一是以学院为叙事的着力点，二是以学院里的知识分子为主要叙事对象。

其一，“学院”是着力描绘的对象，直面大学校园的人或事，反映当代大学的现状或精神，并对此进行褒贬。如南翔的《大学轶事》、汤吉夫的《大学纪事》、李洱的《遗忘》《导师死了》，孔庆东的《47 楼 207》，批判了大学行政化的学术管理、跃进式地规模扩张、日趋明显的商业化倾向等。

其二，以学院为背景，展现栖身学院的知识分子的精神世界。这类学院叙事的作品更多。学院知识分子的精神面貌在一定程度上也反映了大学的精神，两者难以完全区分。关于知识分子精神世界的抒写，有正面反映知识分子为国家、民族的社会责任感、执着的专业奉献精神、坚守的人文精神，如杨绛散文中的父亲、姑母，宗璞的“野葫芦引”系列的老学者、教授，金岱笔下的尚明，汤吉夫笔下的陈冬至、卢放飞、海伦娜等。总体而言，对当代学院知识分子精神进行反思、批判的学院作家作品更多，主要表现在几个方面：一是政治体制围困下知识分子的精神面貌抒写，如杨绛的《洗澡》、戴厚英的《人啊，人!》、金岱的《侏儒》；二是 20 世纪 90 年代以来，随着商品经济的发展，知识分子遭遇强大的物质、欲望诱惑时的精神状态和艰难抉择。戴厚英的《脑裂》、金岱的《晕眩》、格非的《沉默》《苏醒》《欲望的旗帜》，李洱的《遗忘》《导师死了》《夜游图书馆》，主人公感到困惑、虚无、无所适从，或放纵自己，或迷失自己，最终醒悟、绝望或毁灭。三是寻找知识分子理想精神的尝试。金岱在随笔中写道“寻找一种文明转型中的精神适应，建构一种市场文明的东方式规则，创设一种经济文化的运作次序，探讨一种融入了我们民族特征的现代性意识……”[42] 格非《欲望的旗帜》中，当曾山经历了同学、朋友、导师等的自我毁灭、家庭破裂、爱情失败，即将濒临虚无时，作者让天真自然的女儿给予了他新的希望；汤吉夫《大学纪事》中何季洲的成功如果只是“纪事”，或许作者试图让荒谬唤醒我们去探知理想价值。

二、知识分子的“病候学”诊断

学院作家在描写社会文化转型时期知识分子的精神状态时，不约而同将其描述为病态的，可称之为“病候学”诊断。病因大体相似，一是政治体制对知识分子的束缚，二是知识分子从政治文化的中心退居边缘之后的精神失落和失语，三是商品经济冲击旧的价值观、道德观，知识分子感到困惑、迷茫。

病态可分几种：1. 晕眩或分裂。在社会文化转型时期，知识分子总是首先感受到价值的冲突，他们思考、困惑、挣扎、无所适从。格非的《沉默》揭示了知识分子失语症背后的精神痛楚；金岱的《晕眩》中，乔启隆、高水平在经历喧嚣繁华之后失去信仰，迷失自我，感到头痛、晕眩；戴厚英的《脑裂》中，脑裂既是主人公公羊“昏头昏脑”的实际境况，也是公羊、华丽等知识分子在价值冲突面前人格分裂的概括和象征。2. 虚无或绝望。这种精神特征在新生代作家的作品中比较常见。李洱的《夜游图书馆》《悬浮》《午后的诗学》《导师死了》中，知识分子在琐碎的庸常生活中自得其乐，明显的反讽意味背后隐藏着作家对知识分子虚无精神的调侃；格非的《欲望的旗帜》中，德高望重的博导贾兰坡从 16 楼一跃而下，博士宋子衿谎话连篇精神崩溃，被追捕两年的商人左右着一个全国重要的学术会议，一系列的荒诞事件都指向一群知识分子的精神虚无。3. 被奴化、矮化或异化。知识分子主动或被动地适应外在环境，在潜移默化中被异己的环境异化。金岱的《侏儒》中，主人公大学教授文仲集才华美貌于一身，但内心犹豫、痛苦，是知识分子在政治、家长专制下的侏儒；阎真的《沧浪之水》中，池大为最终放下知识分子的清高与尊严，甘愿“牺牲自己”，矮化为“猪人”“狗人”甚至“蛆”虫，忍受屈辱与变节[43]；汤吉夫的《大学纪事》中，何季洲的爷爷为了让孙子牢记做官的使命，自断命根，剖腹自杀，何季洲本人为了创建国际一流大学，近乎残忍的自律自虐、排除异己，成为权力异化的牺牲品。

学院作家关于知识分子精神上的病态叙写大体相似，但给出的药方各异。杨绛、宗璞回忆或塑造了理想知识分子形象；曹文轩致力于成长小说创作，坚持古典的唯美标准，即使是苦难的成长历程，也表现了人和自然的美；红柯的《西去的骑手》《古尔图荒原》《老虎！老虎!》等表现出血性的力量和生命的激情、人与自然的和谐、自由自在的生命状态。金岱在《心界》中塑造了当代理想知识分子尚明，即在自我与社会、现实与理想、物质与精神、传统与现代中寻找坐标和平衡点。同时也在思想随笔中明确了知识分子应“重建精神准则”，构建新人文精神。这都可看作是学院作家面对知识分子的精神萎缩和滑坡，对重建知识分子精神途径的探寻。

当然，知识性、思想性、文学性、探索性以及“学院”叙事并不是当代学院作家作品唯一的特点。当代学院作家作品众多，有的具有以上某方面的显著特征，有的具有多样化的特征。总体来讲，呈现出学院的学者特质。李洱的《花腔》就呈现了学者作品的综合性特征。从思想上看，是对历史中的个人、对知识分子命运的思考与追究；从文学性、探索性来看，结构具有实验性。与书名“花腔”即“带有装饰音质的咏叹调”相对应，文本以三个当事人（白圣韬、赵耀庆、范继槐）的口述，即不同的腔调叙述关于葛任（以瞿秋白为原型）的历史谜案；从知识性来看，文本的故事构成好似学者的研究过程，书中大量的引文，虚构、仿写60种文献资料，语言仿佛史学研究和百科全书，如对巴士底病毒、粪便学科学而严谨的叙述。

第五章　当代学院作家的差异性与断裂性

如前文所述，一方面，当代学院作家相同的文化身份使其创作呈现相似性与连续性；另一方面，文化身份具有动态特性和稳定的相对性，当代学院作家因时空境遇的变化或内部分化，创作也呈现差异性与断裂性。

当代学院作家包括主要代表作品创作于1949年至今的学院作家，时空跨度较大，不同的时空环境和人生境遇使当代学院作家呈现出代际特征。按照作家成长环境、创作环境及创作特征的趋同性，大致分为三代。第一代大约出生于民国时期，如杨绛、郑敏、宗璞；第二代大约出生于新中国成立前后如汤吉夫、戴厚英、毛志成、马瑞芳、熊述隆、胡辛、曹征路、余秋雨、周国平、胡平、谭元亨、郭小东、金岱、曹文轩、南翔、阎真、闫华；第三代主要出生于“文革”时期，如王家新、红柯、何大草、西川、格非、海子、孔庆东、徐坤、李洱、伊沙、阿袁、倪学礼、葛红兵。

第一节　第一代学院作家与学识修养

杨绛、郑敏、宗璞可称作许纪霖所谓的“后五四一代”，幼时受家学传统文化影响，少年时期受新文化熏陶，青年时期留学海外或深受西方文化影响。中西方文化、中国传统文化与五四新文化共同给他们的青少年时期提供了精神给养。多元的文化资源赋予了他们厚重的学识，中国传统文化赋予他们传统知识分子的天赋使命感和对理想人格的追求，年岁赋予他们丰富的人生阅历，因此在当代学院作家中，杨绛、郑敏、宗璞学识修养突出。她们以教师、文学研究者、作家、翻译家的职业身份跨越中国现代文学和当代文学两个时期，成绩不俗；从人生阅历而言，亲身经历了中国一个世纪的荣辱兴衰，切身体验了知识分子100年间的命运沉浮；从学识而言，熟谙中国传统文化与西方现代文化，一生坚持学术研究和文学创作，持续时间长，影响深远。

第二节　第二代学院作家与社会政治、人文关怀

第二代学院作家大多出生于20世纪30—50年代，时间跨度较大，细分可分为前后两期。前期包括汤吉夫、戴厚英、毛志成、马瑞芳、熊述隆、胡辛、曹征路、余秋雨，他们受政治意识形态的影响较为直接，创作初期呈现更鲜明的社会政治关怀。后期包括胡平、谭元亨、郭小东、金岱、曹文轩、南翔、阎真、闫华，相较而言，他们呈现更鲜明的社会文化关怀。

1. 社会政治关怀

第二代学院作家与他们的同龄人一样，青少年时期在浓郁的政治氛围中成长，屡经政府对知识分子的思想改造，在较长一段时期与传统文化、资产阶级思想逐步决裂，因此在创作初期政治意识鲜明。汤吉夫、余秋雨、戴厚英等在20世纪50—70年代开始创作，戴厚英、余秋雨唯政治是从、主题先行、以笔代枪的写作思维曾伴随他们很长一段时间。戴厚英曾在自传中写道“我只是一个政治媚俗者”[44]；吴中杰称她为“文艺哨兵”“党指向哪里，就打向哪里”[45]；“汤吉夫又是在20世纪50年代的文化氛围中接触文学、学习写作的。‘写光明’的政策要求对他的影响几近根深蒂固，所以，他在这一时期的创作中，完全是自觉地遵奉这样的原则，往往在作品中凭空加上一些‘光明’或隐去一些有碍的东西。”[46]

2. 社会文化关怀

以周国平、胡平、谭元亨、郭小东、金岱、曹文轩、南翔、阎真、闫华、王家新为代表的第二代学院作家，早年有过红卫兵、上山下乡或进工厂的知青经历，通过自学和恢复高考成为学者和作家。许纪霖认为这代人的知识开放、多元和博杂，致力于新一轮的思想启蒙和知识范型的开拓，对文化价值和道德的关心要超过对社会政治本身的关心。[47]“文革”高潮时期他们大多还是红卫兵、知识青年或还未崭露头角，还未成为如戴厚英、余秋雨等“文革”创作的中坚力量。新时期以后，他们经过系统的大学教育和专业学习，主要受20世纪80年代人道主义、人文思潮的影响，具备了更为广阔的文化资源和文化视角。因此，他们更多从社会文化的角度而非政治文化角度介入现实，重视个体体验大于集体体验，对社会文化的思考也因为时空的变化、知识的多元变得更为理性和深刻。与此同时，前一辈学院作家，如汤吉夫、马瑞芳、熊述隆、胡辛、曹征路、余秋雨等也在同样的时空境遇下转向对社会文化关怀。

从创作的内容来看，由政治文化的关注转向社会文化的关注，知识分子精神、人文关怀成为他们创作的主要内容。周国平的散文《人与永恒》《各自的朝圣路》《爱与孤独》等探讨了现代人的精神危机、知识分子的自省、生命的意义等；胡平以传统的女红技艺观照传统文化在现代文化中的境遇；谭元亨以现代文化的视角审视客家文化；金岱的“精神隧道三部曲”旨在揭示现代知识分子的精神病征、分析成因并寻求理想的价值准则；阎真的《沧浪之水》《曾在天涯》《因为女人》抒写了知识分子在当下的精神困境与挣扎；南翔“海南的大陆人”系列如《南方的爱》、“生态”系列如《哭泣的白鹳》、“大学”系列如《大学轶事》关注了普通人的生活，表现出作者对个体、生命的民间关怀。

从创作的切入点来看，个体生命的体验成为他们创作的重要源泉，关注自身的情感体验远远多于集体的社会体验。郭小东的“中国知青部落”描述了知青故事，带有鲜明的个体体验和感伤情调；金岱曾明确表示自己的创作是抒写个人本体性体验而非社会性体验，专制下的侏儒性格、商业经济挤压下信仰迷失的晕眩感、艰难抉择的痛苦感，这些都是中国人当下的生存体验；曹文轩的成长小说弥漫着儿童成长过程中的忧郁、孤独与坚韧等情感体验。

从创作的价值取向来看，知识分子精神的探索、情感体验的抒写使文本呈现出较为突出的思想性特征。金岱、南翔、阎真在刻画知识分子形象时均突出了知识分子思考的特质。周国平将哲学的本体性思考与个体生命、精神价值等结合，散文具有鲜明的哲学特征，常被称为哲理散文；金岱的“精神隧道三部曲”也被评论界称为哲学心态小说，主题、人物、语言都带有明显的理性意识和思辨意味。

第三节　第三代学院作家与主体性、当下性

以红柯、何大草、西川、格非、海子、孔庆东、徐坤、李洱、伊沙、阿袁、倪学礼、葛红兵等为代表的第三代学院作家大多出生在20世纪60年代末期，并于20世纪80年代末—90年代步入文坛，此时文学在政治环境、市场经济的挤压下步入边缘，因此，他们既未与政治文化过分密切，也未如第二代在20世纪八九十年代的人文思潮中独占鳌头。总体来看，他们没有太多的政治或经济牵绊，更加率性自由，表现出鲜明的主体性与商业时代的适应性。

其一，专业领域的探索性更为突出。作为20世纪80—90年代的文学专业大学生来说，这一时代文学思潮的人文精神、人的主体性讨论等给予了第三代比较直接的影响；西方20世纪哲学及文艺思潮大量涌入，主体性突出的表现主义、象征主义、生命直觉主义、精神分析、存在主义，注重文本的形式主义、新批评派、结构主义等成为他们求学年代的主要精神资源。王家新、红柯、何大草、西川、格非、徐坤、李洱、伊沙、阿袁、倪学礼、葛红兵都经历过文本形式的创新与实践，如何大草的“新历史小说”创作，格非、李洱早年的先锋文学实践，伊沙作品审丑、反崇高、反文化的后现代意味。

其二，主体性更加突出。洪治纲认为，20世纪60年代出生的作家更看重

个体生命的独特意义，大多转向对个体存在的探索。[48] 即使同是抒写个体情感体验，第三代学院作家也比第二代走得更远，主体意识更强。红柯小说中生命的激情、诗化的语言具有鲜明的个性特征；何大草的新历史小说源自作者对历史的个体阐释；葛红兵的《我的N种生活》《沙床》为作者的心灵独白，作者本人也因较强的批判性而被称为“酷评家”；孔庆东诙谐、通俗的语言也与大多数学者型作家有所不同。

其三，与市场、媒介的关系更加紧密。在高度媒介化和市场化时代，他们无一避免地卷入其中。第一，与第一代和第二代当代学院作家相比，第三代学院作家的平均产量高出许多，格非、葛红兵、孔庆东的作品较多，或新作或旧作新编。以孔庆东为例，出版《47楼207》《空山疯语》《四十五岁风满楼》《正说鲁迅》等20余部作品。第二，作品的传播进入商业市场、进入策划时代。作家作品或是获取各类文学奖项，或是制造各种噱头以吸引大众争取利益最大化。葛红兵曾被出版社贴上“美男作家”的标签，其《沙床》曾被想象成欲望化的小说；孔庆东文风上的娱乐性、通俗性，在某种意义上也可看作是适应市场经济下大众的审美需求。在商业文化背景下，格非的“江南三部曲”获得茅盾文学奖后，格非的其他作品也在一段时期内被卷入媒介市场中。

文化身份的差异性与断裂性既表现为不同时空下的代际差异，也表现为同一时空下身份的内部分化。近几年，随着驻校作家制度与创意写作学科在我国的兴起与发展，作家及学院作家的身份内涵较传统意义上也发生了变化。专职作家接受大学邀请名为驻校作家，成为形式上的学院作家。创意写作学科的引入，使网络类型作家、广告词撰稿人、报刊记者、影视剧创作者等也成为作家的组成部分。驻校作家、创意写作视野下的作家、学院作家三者的相互交流和不断融合也势必对当代学院作家的文化身份内涵发生冲击。我们可以看到，第三代学院作家在全球化、商业化的文化背景下进行文学创作，部分学院作家尝试融合大众文化的一些元素，如葛红兵引入创意写作，倪学礼、梁振华创作影视剧本，这在一定程度上也利用了大众文学市场化的手段进行传播。

第六章 当代学院作家创作的学识修养（一）

——以杨绛为例

杨绛在《菲尔丁的小说理论》里谈到小说家的四个必备条件：才（天才）、学（学问）、识（经验）、德（爱人类的心）。[49] 作为作家，她的学养、阅历不仅表现在作品中，还决定了其作品的品质和高度。

第一节 杨绛的人生经历、学术研究与学识修养

一、中西方思想、时代境遇给予多元化的精神给养

杨绛1911年出身于书香门第之家，1932年毕业于东吴大学，同年前往清华大学借读，后留学英法，1938年回国后在上海振华女校、清华大学任教，1953年调任中国社会科学院外国文学研究所。在20世纪40年代创作戏剧成名，新时期散文、小说、翻译成绩备受瞩目。

从杨绛的人生履历可以看出，其精神来源于多方面。第一，书香门第赋予传统知识分子的家国情怀、人格理想。第二，中国现代知识分子在五四运动中倡导的民主、自由等思想以及社会政治关怀。第三，留学海外以及从事外国文学研究工作，深受西方人文思想的影响。

多种思想影响与时代环境、人生境遇相互碰撞。其一，杨绛成长于知识分子由中心到边缘的时代环境下。随着科举制度的废除，知识分子总体上从社会政治的中心走向边缘，关心国事的行为总体上变得更为平和。其二，受西方人文主义思想与中国传统文化整合冲击的时代精神影响。受中西方文化的共同影响，中国现代知识分子对待社会政治的态度和方式有别于大多数中国传统知识分子，由极度关注向多元化关注转向。其三，受新中国成立初期知识分子思想改造运动的影响。新中国成立后政府开展了一系列改造知识分子思想的政治运动，这在一定程度上影响了知识分子关注社会政治的方式以及创作的表达方式。

二、作家、翻译家、文学研究者的复合职业身份突显学术研究特点

杨绛的学术研究主要在20世纪50—80年代中期，成果集中在《春泥集》和《关于小说》中。总体而言，杨绛的学术研究具有以下几个特点。第一，在世界文学的视野中展开研究。杨绛或研究中外作家作品，或比较、例及大量中西方文论、作品。第二，侧重现实主义经典作品研究。在杨绛论及或列举的中外作品中，如《名利场》《傲慢与偏见》《小癞子》《吉尔·布拉斯》《包法利夫人》《红楼梦》《水浒传》《西游记》《儒林外史》等无一不是现实主义的经典著作。第三，侧重小说研究。在杨绛所有学术论文中，除却一篇关于翻译、一篇关于戏剧外，其余全是论述小说的。第四，重个人体会轻理论，深入浅出。杨绛虽然在论文中论及典型材料的选取、文章的结构等理论性较强的问题，但在论述过程中往往少理论推理或专业术语而多心得体会，读来通俗易懂。对于这一点，杨绛却自谦“我苦于对超越具体作品的理论了解不深，兴趣不浓”。[50]

1. 学术研究对象与翻译作品的对应：流浪汉小说

杨绛的学术研究成果与其翻译的作品大都相应和，译著《堂吉诃德》《小癞子》《吉尔·布拉斯》，相应的学术研究成果有《介绍〈小癞子〉》《补“五点文”——介绍〈吉尔·布拉斯〉》《砍余的“五点文”》。无一例外，翻译的作品全为“流浪汉小说”，即以主角从甲地漂泊到乙地为线索，展现主人公

在社会环境中的各种遭遇、见闻和奋争，以及社会人情百态的小说。相关的论文除了梳理译著在文学史上的地位、在国外的研究成果，就是重点剖析主人公的形象、作者的创作意图与创作风格等。与此相对应，从发表的论文看，杨绛主要研究菲尔丁、奥斯丁、萨克雷等以描写社会世态见长的作家。

从作品发表出版的时间来看，杨绛研究或翻译顺序：《小癞子》（1951年）—《吉尔·布拉斯》（1956）—《堂吉诃德》（1964）—菲尔丁（1957）—萨克雷（1959）—奥斯丁（1982），与流浪汉小说发生、发展和变化的顺序基本一致。16世纪中期出版的《小癞子》是西方流浪汉小说的鼻祖，《堂吉诃德》出版于半个世纪后、《吉尔·布拉斯》于100多年后问世。菲尔丁自称所做的《约瑟·安柱斯》就是模仿塞万提斯[51]，其代表作《汤姆·琼斯》也被学者认为仿效了西班牙的流浪汉小说和《吉尔·布拉斯》的模式。[52] 萨克雷“最欣赏菲尔丁《汤姆·琼斯》的结构”[53]，他刻意描写真实——读小说漫论之一，叹恨不能像菲尔丁写《汤姆·琼斯》那样真实，同菲尔丁一样，喜欢夹叙夹议[54]。奥斯丁在描写世态人情、文风诙谐这方面与流浪汉小说一脉相承。可见，杨绛对于流浪汉小说的研究从20世纪50年代至20世纪80年代，涉猎西班牙、法国和英国的流浪汉小说或相关作家，贯穿她学术研究的始终。

2. 学术研究与创作技巧

作为作家和翻译家的杨绛，她在学术研究中更加关注文学创作本身，即如何进行文学创作。《亨利·菲尔丁的小说理论》分析了菲尔丁借鉴和发展亚里士多德的《诗学》和贺拉斯的《诗艺》，并从经典的古希腊史诗中发展了自己的“滑稽的散文史诗”小说理论，同时也探讨了叙说故事的方法和成为小说家必备的条件等；《有什么好？——读奥斯丁的〈傲慢与偏见〉》论述了小说的选材、结构、人物、语言风格等；《事实——故事——真实——读小说漫论之一》一方面分析了作家如何发挥想象力、创造力和个体体验，将生活的真实内化为艺术的真实，另一方面分析了作家的思想情感与作品人物的适当距离；《艺术与克服困难——读〈红楼梦〉偶题》探讨了曹雪芹是如何超越古代言情小说中才子佳人一见钟情——无恋而爱的过程，突破了时代的限制辟出大观园为古代痴情儿女提供恋而爱的环境。

新中国成立后至“文革”结束这段时期，反对资本主义思想倾向，西方文学研究者尤其需要划清界限。杨绛写道，在“三反”运动期间曾教外文系的“危险课”——英国小说，“只留心回避思想意识，着重艺术上的分析比较”。[55] 杨绛的学术研究除了与她自身作为作家关注创作本身有关外，也与时代环境有关。

三、学识修养

杨绛作为社会转型时期的知识分子，既留有传统知识分子家国情怀的印记，又表征为现代知识分子的理性与人文情怀，时代境遇又使她选择了站在社会政治的边缘处。

1. 传统知识分子的家国情怀与人格修养

出身书香门第的杨绛幼年深受传统家学及身边亲人的影响，后一直工作生活于知识分子群体。修身齐家治国平天下是中国传统知识分子的理想，其表现为对社会现状、对国家命运的忧虑、知识分子品格的坚守。杨绛夫妇淡泊名利，潜心学术又心怀国事。新中国成立前夕，“许多人惶惶然逃往外国。但我们不愿逃跑，只是不愿去父母之邦，撇不下自家人……我们是文化人，爱祖国的文化，爱祖国的文字，爱祖国的语言。”[56] “默存常引柳永的词：‘衣带渐宽终不悔，为伊消得人憔悴’我们只是舍不得祖国，撇不下‘伊’……。”[57]

2. 现代知识分子的人文关怀

杨绛作为深受西方人文思想影响的现代知识分子，尊重生命，尊重个体的尊严与价值，尊重人的理性与情感。首先，杨绛心怀豁达与善意，以相当的篇章描述普通人的平凡人生，表现了善良与真诚的人性美。其次，对非理性的批判。关于在知识分子精神改造的文章中，杨绛未从社会政治的角度剖析是非对错，而是调侃、反讽其中的人生错位、人性扭曲；讽刺负面的知识分子形象，勾勒出知识分子应有的价值取向和道德取向。

3. 站在边缘处的社会关怀

从职业身份来讲，杨绛首先是一个学者，其次是作家。与五四时期的鲁迅、胡适等同时被称为革命家、思想家、社会活动家不同，杨绛自始至终都是学院作家。她没有鲁迅般针砭时弊的政论杂文，巴金、茅盾等有关社会矛盾的宏大叙事，也没有如胡适、郭沫若那样直接参与国家政治。杨绛只是翻译和研究体现西方人文思想的流浪汉小说、创作传达人类智慧和真善美的文学作品，通过学术成果和文学作品，履行作为知识分子的历史使命和社会责任。

第二节 文化身份赋予杨绛文学创作突出的学识修养

杨绛创作戏剧《称心如意》《弄真成假》《风絮》，出版散文集《干校六记》《将饮茶》《杂忆与杂写》《我们仨》《走到人生边上》，小说集《倒影集》，长篇小说《洗澡》《洗澡之后》，文学评论集《春泥集》《关于小说》，译著《一九三九年以来的英国散文作品》（英国）、《吉尔·布拉斯》（法国）、《小癞子》（西班牙）、《堂吉诃德》（西班牙）以及《斐多》（希腊）。

一、学术研究成果与文学创作的相互映照

杨绛作为学者、作为翻译家的学术研究成果与作为作家的文学创作三者密切关联。西方流浪汉小说的取材、结构、语言、作者的创作态度，菲尔丁、奥斯丁、萨克雷的创作风格，以及论文中提及的《红楼梦》《水浒传》《西游记》《儒林外史》《三国演义》《莺莺传》《镜花缘》《老残游记》《包法利夫人》《名利场》《傲慢与偏见》等中外经典的创作技巧，多维度地共同影响了杨绛的文学创作。

1. 关注世态人情

西方16世纪以来的人文主义精神在菲尔丁、奥斯丁、萨克雷的作品中，甚至较早的流浪汉小说中都有体现。流浪汉小说描写广阔的社会百态，重在人情即人与人关系的叙写，是人文主义精神发生期的表现，肯定了个人的价值、情感、欲望。

杨绛在20世纪40年代创作喜剧《称心如意》，主人公李君玉父母双亡，无所依靠，从家乡到上海，在上海又辗转在几个亲戚家，身份设置有流浪汉的影子。她一路历经人间冷暖、尽看人间百态，同流浪汉小说的情节设置相似。20世纪80年代的《干校六记》《将饮茶》，20世纪90年代的《杂忆与杂写》，到21世纪初的《我们仨》，以及长篇小说《洗澡》大多以知识分子为对象表现社会概貌。《老王》《林奶奶》《黑皮阿二》《赵佩荣与强英雄》《阿福和阿灵》《顺姐的"自由恋爱"》《第一次下乡》关注的都是普通人所经历的世态人情。

杨绛通过对知识分子或弱小人物的描写，肯定了人性中善良、勤劳、真诚、智慧的品格。杨绛注重人情描写，纪实性散文尤其突出，《回忆我的父亲》《回忆我的姑母》《记杨必》《怀念石华父》《〈傅译传记五种〉代序》《我们仨》，尽管读来平常事，但却能感受到人间至真至深的情感。

当然，从时间上看，杨绛研究流浪汉小说是在20世纪50年代后，20世纪40年代创作的剧作是否受其文学研究的影响难以定论，但可推断杨绛自始至终对流浪汉小说青睐有加。钱锺书唯一的长篇小说《围城》也可算作泛流浪汉小说，至少在结构和语言上有相似之处。两人对流浪汉小说的尝试也是有趣的文学现象。推测其缘由，或与个人游学经历有关，又或与当时动荡的社会时局有关，或因两人对西方流浪汉小说钟情又有感于中国流浪汉小说的缺失有关。

2. 艺术风格与西方流浪汉小说

杨绛受家学影响中国古典文学修养深厚，自小接触西方文学，青年时入读清华大学学习外国文学，后留学英法，回国后的教学、研究都与外国文学有关。杨绛对于中外文学经典都有涉猎或研读，经典文学作品对作家创作的影响并非简单而单向，在此择要而述。

与杨绛研究的流浪汉小说，以及菲尔丁、奥斯丁、萨克雷的语言风格相似，杨绛的语言质朴、诙谐。《小癞子》作者笔下只有“宽容的幽默”“俏皮而微妙的讥诮”[58]；勒萨日“叙事轻快”“用的是朴素的笔法，不喜雕饰”“另有些读者欣赏小说的讽刺和幽默”[59]。甚至有研究者指出，用评价菲尔丁、奥斯丁、萨克雷的叙述风格来评价杨绛也恰如其分。萨克雷“写来生动有趣，富于幽默”，菲尔丁“写小说的宗旨，就是要兼娱乐和教诲，在引笑取乐之中警恶劝善”[60]“生动的对话、有趣的情节是奥斯丁表达人物性格的一笔笔工致的描绘。”[61]

李健吾曾说，杨绛有缄默的智慧。[62] 实际上他指出了杨绛创作风格的两大特点：一是诙谐的文风、喜剧的精神，二是质朴、含蓄的语言艺术。喜剧的精神更多表现在内容的反讽效果和情节的出人意料。如《弄真成假》中张祥甫把女儿的婚姻当成商品，“只做稳稳当当的买卖，不做空头”；张燕华费尽心思想嫁有钱有势的好人家，却聪明反被聪明误。诙谐的文风更多体现在语言的运用中。“林奶奶叙事全按古希腊悲剧的‘从半中间起’；用的代名词很省，一个‘他’字，同时代替男女老少多少人。”[63]“从堂吉诃德被俘后，我就想借此寻找他的踪迹。可是我这位英雄和古代小说里的美人一样，‘侯门深似海’，我每间屋子都望过了，没见到他的影子。”①

中国传统美学以含蓄为美。杨绛研究西方作家作品的语言大多简明轻快，而杨绛自己行文平和质朴，诙谐有趣，质朴的文风或许是杨绛在中西方文学共同影响之下选择与自己性格气质相契合的语言风格。

此外，杨绛对创作中的许多细节处理做过详细的研究，并在创作中进行实践。如《旧书新解——读〈薛蕾丝蒂娜〉》分析了对话对推动情节、刻画人物的妙用。相对应地，杨绛很重视人物对话，其小说中的对话数量较多，简洁精致，值得回味。②

---

① 余艳，《知识分子的诗性写作——浅论杨绛》，江西师范大学 2006 年硕士学位论文。

② 施永秀，《言外之致——杨绛〈洗澡〉中的人物对话赏评》，《名作欣赏》，2005 年第 9 期，第 77—79 页。

二、人生阅历、学识修养赋予文学创作的变化

从 20 世纪 40 年代的戏剧《称心如意》《弄真成假》，小说《璐璐，不用愁！》、*ROMANESQUE*（浪漫），散文《阴》《流浪儿》《风》《听话的艺术》《窗帘》，到 20 世纪八九十年代的散文《干校六记》《将饮茶》《杂忆与杂写》，小说《洗澡》，再到 21 世纪的《我们仨》《走到人生边上》《洗澡之后》，杨绛创作的价值取向、审美取向悄然发生变化。

1. 价值取向：从世态走向人生

杨绛在 20 世纪 40 年代的创作以叙事为主，关注当下世态人情。《称心如意》《弄真成假》以喜剧的形式揭示上流社会的虚伪、势利、冷漠以及世态炎凉。这个时期的小说被杨绛称为习作，《璐璐，不用愁！》讲述年轻人在恋爱中摇摆不定的心态，*ROMANESQUE*（浪漫）讲述年轻人一段爱情奇遇，《小阳春》讲述中年学者与年轻女学生的暧昧情绪。

20 世纪 50—70 年代，杨绛主要从事翻译和文学研究工作。20 世纪八九十年代是其作品发表出版的高峰期，也是杨绛创作走向成熟的时期。这一时期，杨绛逐步从关注世态人情向关注社会人生转变。散文《干校六记》以知识分子下放干校的政治运动为背景，叙述知识分子在干校的吃穿住行和劳作；《将饮茶》中《回忆我的父亲》《回忆我的姑母》《记钱锺书与〈围城〉》均是纪实性散文，关注生命本身；《丙午丁未年纪事——乌云与金边》作者自言是“一个‘陪斗者’的经历”，叙述“陪斗者”的见闻和感受——风狂雨骤、颠倒过来、一位骑士和四个妖精、精彩的表演、披着狼皮的羊、乌云的金边；《杂忆与杂写》几乎都是作者的怀人篇章——《老王》《林奶奶》《纪念温德先生》《大王庙》《黑皮阿二》《赵佩荣与强英雄》《记杨必》《阿福与阿灵》《车过古战场》《顺姐的“自由恋爱”》以及《吾先生——旧事拾零》《忆高崇熙先生》《怀念石华父》《〈傅译传记五种〉代序》。杨绛在这一系列的怀人篇章中思索人生，以豁达的胸怀评析人生的意义、人性的善恶美丑。

2. 审美取向：从反讽走向平和

杨绛早期的戏剧反讽意味鲜明，李君玉、贻夫人、徐朗斋、周母等戏剧

中的人物语言或聪敏率真或辛辣刻薄。《璐璐，不用愁!》《小阳春》的情节、语言也具有明显的反讽特征。而在描写知识分子精神改造的《干校六记》《丙午丁未年纪事（乌云与金边）》中，虽仍有反讽但情感变得节制，即使抒发愤慨之情，也委婉含蓄。

杨绛在新世纪创作的《我们仨》《走到人生边上》《洗澡之后》语言更加质朴而理性。《我们仨》本是时代变迁背景下催人泪下的怀念至亲之作，但行文从容、理性而节制，少有明显的情感抒发。

《走到人生边上》与杨绛之前的作品有较大不同。内容上不怀人叙事，语言上不反讽诙谐，而是以理性的笔触探讨人生的意义、人性的复杂、人与命运。《洗澡之后》如杨绛一贯的审美取向，情节上波澜不惊，杜丽琳找到相爱的人，许彦成与姚宓终成眷属，语言更加简洁平实，连一贯的反讽诙谐都省了，最终以“姚太太和女儿女婿，从此在四合院里，快快活活过日子”作结。

杨绛创作的价值取向和审美取向的变化与人生阅历带来的个人生命体验有关，也与伴随年龄、阅历增长的学识修养有关。一方面，杨绛作为20世纪初期出生的知识分子，内圣外王的传统士大夫情结是她重要的精神资源，而经历了西方文艺思潮的洗礼、新中国成立后政治对知识分子精神的改造、20世纪80年代末以来人文知识分子的日渐边缘化，杨绛等知识分子逐渐认识到“外王”难以实现，“内圣”理想与西方人文精神的某些联通，于是退回到“内圣”的坚守，从社会世态转向对人生、生命的关注，探讨人性、人格。另一方面，随着人文知识分子不再居于政治的中心地位，以及随着杨绛年岁的增长人生阅历的丰富，心态更加平和、心胸更加宽广，她的创作风格也由反讽走向平和、淡然。

第三节　多重视域下的知识分子叙述——《洗澡》

《洗澡》是杨绛创作于20世纪80年代末期的长篇小说。杨绛创作这部小说时已70岁，它能较完整地体现出杨绛创作的总体特征以及杨绛在当代学院作家中突出的学识修养。

一、知识分子价值的两个维度

1. 中国传统知识分子的人格理想

中国古代知识分子关于人的理想境界是“内圣外王”的实现，“外王”难以企及，走向强调个人品行修养的“内圣”之路，知识分子对理想人格的追求成为中国传统文化的重要内容。

《洗澡》以新中国成立后知识分子第一次经受的思想改造俗称“三反”为背景，描述了北平国学专修社的一群知识分子在精神改造运动中的人格百态。《洗澡》三部分的标题“采葑采菲”“如匪浣衣”“沧浪之水清兮”，隐喻作者对知识分子道德、才华、意志的关注与评价，而评价标准来自于中国传统知识分子的理想人格。“性情开朗，脾气随和，朋友很多”“有书可读，而且一心追寻着他认为更有意义的东西。”[64] 许彦成热爱祖国、潜心学术、待人真诚、心胸豁达、喜爱音乐；姚宓出自书香门第，喜爱读书，为人低调善良，聪慧而有灵性；罗厚憨厚、率真、无畏。与此相对应，杨绛用反讽的笔调刻画了余楠、杜丽琳、施妮娜、江滔滔、姜敏等知识分子。余楠自以为是、追名逐利、投机取巧、斤斤计较，他“以主编的身份结交了三朋四友，吹吹捧捧，抬高自己的身价。”“能钻能挤，这几年来有了点儿名气。”“非常精明，从不在女人身上散漫使钱。”[65] 杜丽琳“善于修饰，长于交际。”[66]，取得两个国外的学位；施妮娜、江滔滔以政治作学术资本；姜敏“当面奉承，背后挖苦，上面拍马，下面挤人。”[67] 显然，杨绛对余楠、施妮娜、姜敏将学术当作生存、名利工具的价值取向颇有不满，肯定了热爱知识、真诚善良、豁达聪慧、具有高雅情趣的知识分子，并将许彦成与姚宓的恋爱写得含蓄雅致、理性节制，不逾越传统的道德观念和行为准则。

2. 现代知识分子的独立性追求

中国传统知识分子与政治关系过于紧密，大批知识分子的独立性缺失；现代知识分子受西方人文精神的洗礼，突显个体的独立价值和意义。《洗澡》中余楠为了“往上爬”不惜巴结奉迎、打击异己甚至抛妻弃子；杜丽琳被称为“标准美人”，因为她的所想所需——外国的学位、富有才华的丈夫、善于修饰的美貌、长于交际的言行等都是合乎世俗标准的；施妮娜、江滔滔则快速适应时代趋势捞取政治资本，他们屈从于世俗的名利欲望，丧失个体的独立品格和追求。杨绛中意的许彦成无意物质与权力，甚至“把学位看作等闲，一心只顾钻研他喜爱的学科”[68]。

《洗澡》中的爱情也折射出人物的不同价值取向。余楠想娶胡小姐是因为后者许他重要的职位，但他不想与宛英离婚是因为他离了宛英就像离了没有断奶的奶妈；姜敏看中善保因为善保出身好；杜丽琳看中许彦成因为倾慕有学问的博士。而杨绛理想中的爱情是许彦成和姚宓的爱情。“姚宓觉得许先生有学问，而许先生也欣赏姚宓读书不少，悟性很好。”[69] 姚宓觉得许彦成“显然是个正派的人”，而许彦成觉得姚宓“满怀怜惜和同情”。[70] 杨绛肯定了许姚两人的爱情不为世俗名利束缚，相爱源于精神的相知相惜、志趣的相投、道德品行的相近，即肯定个体的独立性追求。

二、中外文学经典的艺术技巧

中国古典小说重叙事，讲究情节完整，重视人物刻画和语言描写。西方流浪汉小说借主人公的经历展现社会世态，语言幽默风趣，具有讽刺意味。杨绛深受中国古典小说和西方流浪汉小说影响，《洗澡》有两者明显的印记。

从结构上讲，《洗澡》以余楠贯穿始终，从上海出发—到达北平国学专修社—离开去新单位。其中与流浪汉小说重游历的所见所闻一样，小说重点叙述在上海、北平国学专修社所经历的事件，一笔带过离开专修社。

从内容上讲，流浪汉小说借助主人公展现社会世态，《洗澡》以余楠为引子，对北平国家专修社的人和物进行全景式地描写，关注知识分子百态，如政治型的傅今、范凡，世俗型的余楠、杜丽琳，理想型的许彦成、姚宓，投机型的施妮娜、江滔滔，随遇而安的朱千里、丁宝桂，成长中的善保、罗厚、姜敏等等。

杨绛重视叙事语言，既有研究又有实践。《旧书新解——读〈薛蕾丝蒂娜〉》探讨了人物语言推动情节发展、刻画人物中的妙用，《艺术是克服困难——读〈红楼梦〉偶题》精细解析了宝黛之间相恋不敢明示、互相试探、误会的种种痴情；杨绛钟爱的西方流浪汉小说以及她所研究的作家萨克雷、菲尔丁、奥斯丁的语言都以轻快诙谐见长。与此相应，其成名作《称心如意》《弄真成假》两部戏剧突显语言艺术；《洗澡》的人物语言极其质密细实，或交代背景，或描述人物，或推动情节，或含蓄暗示，或诙谐反讽，简洁而质朴。可以说，《洗澡》的叙事和语言既受中国古典小说的影响，又受西方流浪汉小说的影响。施蛰存曾说："《洗澡》给我的印象是半部《红楼梦》加上半部《儒林外史》……《洗澡》的作者，运用对话，与曹雪芹有异曲同工之妙。每一个人物的思想、感情、性格都在对话中表现出来，一段也不能删掉。"[71]

许纪霖曾评价生于五四一代的人，"他们在求学时代接受了五四以后新知识和新文化完整的熏陶，却生不逢时，在即将崭露头角的时候，被一连串的政治运动耽误了他们整整 30 年光阴，直到 80 年代以后步入中晚年，才焕发出学术的青春。"[72] 这个论断与杨绛的学术、人生经历相符。30 年耽误的不仅是青春和学术，精神创伤更难以弥合。知识分子的精英意识遭到知识分子自身的质疑；非理性的政治运动使他们甘心居于社会政治的边缘；历经了人生巨变的知识分子到了晚年心态更加从容平和。杨绛在 20 世纪 80 年代已 70 岁，饱经沧桑的老人不管是面对社会政治的巨变还是个体生命的生息，都滤去了青年时期激烈表达的冲动，心态和文字平静、质朴而含蓄。这种精神境界与创作风格，与人生阅历、时代境遇、个人气质以及复合职业身份所赋予的学识修养是分不开的。

第七章　当代学院作家创作的学识修养（二）

——以郑敏为例

郑敏，1920 年生于北京，曾在中国社会科学院文学研究所工作，1960 年后任教北京师范大学。20 世纪 40 年代创作诗歌成名，新时期继续创作至今。丰富的人生阅历，诗人、教授、学者、翻译家的多元身份，赋予了她文学创作和文学研究突出的学识修养。

第一节　人生经历和职业身份赋予郑敏的学识修养

郑敏出生和成长于书香门第，外祖父是民国词人，养父曾留学法国，“充满法国大革命为人类留下的自由、平等、博爱的理想”鼓励她从小独立思考。“我有一个十分寂寞的童年，这种寂寞也使得我比一般少年更多的思考一些问题。”“也许这种孤寂的童年使得我日后总喜欢和山川草木花鸟交朋友。”[73] 开明的家庭环境、内向沉思的性情、对大自然的钟爱，这些促成郑敏一生选择与哲学、艺术为伴。

一、丰富的人生阅历与知识背景

郑敏 1939 年考入名师聚集的西南联合大学哲学系，1948—1952 年赴美国布朗大学攻读英国文学硕士学位，1952—1955 年在纽约进修音乐、绘画。中西方的文化环境，文学、哲学、音乐、绘画的知识背景，使郑敏观照世界、人生、艺术的视野更加开阔。

郑敏 1955 年回国，“好像飞机卷入暴风雨一样，进入批判胡风的风暴中。以后我们就随着知识分子大军在风暴中旋转，直至 1979 年。”[74] 与中国 20 世纪四五十年代的众多知识分子一样，郑敏历经数次知识分子精神改造运动，并在 1948—1979 年间停止创作。新时期之后，还未完全从政治形态的精神束缚中走出的知识分子又急速卷入西方文艺思潮的漩涡和现代商业文化的大潮。郑敏近百年的人生经历了军阀混战、抗日战争、解放战争、新中国成立后知识分子改造运动、新时期改革开放、全球化进程等等，丰富的人生阅历赋予了她独有的生命体验和哲学思考。

二、复合职业身份下的诗歌研究

郑敏一生从事教学、科研、翻译和诗歌创作工作，几者互为促进，相辅相成。她不仅翻译了《美国当代诗选》，还专门研究美国当代诗歌并著有《英美诗歌戏剧研究》《结构—解构视角：语言・文化・评论》《诗歌与哲学是近邻——结构—解构诗论》《思维・文化・诗学》，此外郑敏一直坚持诗歌创作并著有数本诗集。复合的职业身份有利于郑敏站在更宽广的角度，深入全面地从事学术研究，其诗歌研究也因此突显其学识修养，主要表现为诗歌研究的历史观、大局观以及国际视野和文化观照。

1. 诗歌研究的历史观

20 世纪西方文论经历了从诗学文化到文化诗学的过程，郑敏的诗歌研究大体也由传统的诗学研究转向文化研究。在早期的《英美诗歌戏剧研究》中，《意象派诗的创新、局限及对现代派诗的影响》《诗的内在结构——兼论诗与散文的区别》《探索与寻找：19 世纪末到 20 世纪初英美诗歌的一些变化》等均从诗的本体性研究出发，辨析新古典主义诗派、浪漫诗派、意象诗派的产生背景、发展脉络以及功过得失；《诗歌与哲学是近邻——结构——解构诗论》《结构—解构视角：语言・文化・评论》主要以解构理论观照诗歌的语言、结构、文化意义以及文学批评，如《诗人与矛盾》《诗歌与文化——诗歌·文化·语言》等；《思维·文化·诗学》则将诗歌、文学置于社会、经济、文化背景下进行考量，如《诗与历史》探讨了在科技文明发达、霸权主义、物质主义盛行的当下诗人的历史使命，《时代与诗歌创作》呼吁了中国新诗应建立在自己的民族文化传统上。

郑敏在20世纪90年代对中国诗歌关注较多，她站在诗歌发展史、民族文化传承的高度对中国新诗发展现状和未来方向的思考极富远见卓识。通过《回顾中国现代主义新诗的发展，并谈当前先锋派新诗创作》《新诗百年探索与后新诗潮》《我看中国新诗》《中国新诗八十年反思》等回顾中国新诗的发展历程，对中国当代诗歌的现代性、本土性提出质疑，“新潮旧浪相撞，出土附传统和舶来的风格杂陈”“人们以焦急的心情投入创新，同时又不安地频频回顾”[75]。对此，一方面，她认为中国诗人及中国诗歌不能一味照搬西方的文论和创作方法，而应将西方值得借鉴的元素融入中国当代诗歌的创作与批评中。另一方面，她认为中国新诗应在中华民族传统文化中寻找新的生命力。如《对21世纪中华文化建设的期待》《中华文化传统的继承：一个老问题的新状况》《从汉字思维到汉语文化的复兴》《是时候了：汉语必须找回它自己》就从全球化、历史、文化、民族性等角度探讨了汉语写作以及诗歌语言的发展方向。“我们应该有自己的文化土地”“失去文化的高峰的民族是不可能产生真正伟大诗人的。”[76]

2. 学贯中西的文化视角

出生于20世纪20年代的郑敏，青少年时期正逢传统文化被打压、西方文化引入中国的激进时期，后留学美国，工作后以研究英美当代诗歌以主，因而知识结构大体以西学为主。郑敏在20世纪80年代中后期集中研究德里达的解构主义理论，并在结构——解构理论影响下开始中国古典诗学研究和中西方诗学的比较研究。她指出，“西方诗歌的现代性，如果以英语诗歌为例，在相当大的程度上是得益于中国古典汉语和诗词的启发。”[77] 西方现代诗歌的“意象”、时空跳跃与转变、强度与浓缩等都与中国古典诗词的“意境”“留白”等创作技巧不谋而合；西方诗歌创作中的“无意识”领域，德里达的无形、常变的“踪迹”和“歧异”说则与老庄哲学彰显的“无有”境界有相通之处。

与此同时，郑敏从埃兹拉·庞德、马丁·海德格尔、德里达的思想中深刻感受到中国古典诗学和传统文化的魅力。从《解构思维与文化传统》《漫谈中华文化传统的革新与继承》《语言观念必须革新：重新认识汉语的审美功能与诗意价值》中认识到民族文化传承与创新的关系和民族语言在诗歌中的重要地位，同时呼吁中国当代诗歌要挖掘中国古典诗歌的当代性，如音乐性、意境美、用字、意象、时空跳跃等。

可以说，郑敏的研究由西向东，在解构理论的视角下开拓诗歌创作的无意识领域，挖掘中国古典诗学的精髓，研究汉语诗歌写作的现状与未来，最终实现了中国当代诗学与世界诗学的接轨。总体而言，郑敏的诗学研究站在诗歌发展史的高度、具有东西方文化的视野和大文化的视域，这与她鲜明而突出的学识修养密切相关，而良好的教育背景、多元的知识结构、复合的职业身份、丰富的人生阅历更进一步提高了她的学识和修养。

第二节　文学创作中突显的学识修养

郑敏1949年出版《诗集：1942—1947》，新时期出版《寻觅集》《心象》《早晨，我在雨里采花》《郑敏诗集：1979—1999》，其余诗作收入《郑敏文集》诗歌卷（下）中的《集外诗》。郑敏在当代学院作家中突出的学识修养不仅表现在诗学研究方面，还表现在文学创作中，如诗歌研究与创作的互文性、诗歌多维度的艺术表达、由西向东的诗学滋养以及文化视野、基于生命体验的人文精神内蕴等角度。

一、诗歌研究与诗歌创作的同步探索

从诗歌集与学术著作发表出版的时间看，郑敏新时期的文学创作与学术

研究大体同步。《寻觅集》与《英美诗歌戏剧研究》大致为同一时期成果，《寻觅集》不仅延续了20世纪40年代现代诗歌创作的习惯，还带着30年人生经历的时代烙印。“我那时的感情是比较充沛的，可我的诗歌还没找到自己的语言，多半还是受了‘文化大革命’和1955年以来政治逻辑思维的影响。”[78]《祖国呵，我紧紧拥抱你!》《诗呵，我又找到了你》《第二个童年与海》满怀激情，《希望与失望》《雨夜遐思》《岩石》《古尸》用一系列带有哲思的意象抒写苏醒的希望、热情和困惑，“阳光是这样温暖啊，沐浴着你们壮健的身躯，过去了，两千年的沉睡/……亲吻着的阳光像一个爱人的吻/会把你们/雄壮的被埋葬了的力之群/带回人间。”[79]

《心象》《早晨，我在雨里采花》中的诗歌主要写于1986—1991年，同期的学术研究成果大多集中在《诗歌与哲学是近邻——结构—解构诗论》中。这一时期郑敏较长时间在美国、中国香港等地访学，其创作总体上与她关注的西方文艺思潮解构主义、“无意识领域”研究密切相关。“一直到1984年我才领略到‘二战’后美国诗歌的创新之处，‘开放的形式’‘无意识’与创作关系的认识……突然在我的面前打开了写诗的新的境界，使我挖掘自己长期被掩埋，被束缚，隐藏在深处的创作资源。”[80] 两部诗集少了思想的束缚，想象空间更加辽远、思考更加深刻。《寻觅集》中热情地呼喊变成了极富想象力的哲思，作者用“梵高的画船不见了”“两把空了的椅子”“手和头，鹿特丹的无头塑像”“成熟的寂寞”等极具画面感的意象共同勾勒出极富抽象意义的“不存在的存在”，它玄乎神秘，潜藏于人内心不易触及的角落却又时刻喷涌而出，正如郑敏写道的：“这是一种庞德式的浓缩和后现代主义的强调无意识意象的混合。”[81]

《郑敏诗集：1979—1999》中收录了大部分旧作以及50首创作于1994—1999年的新诗，《集外诗》除收录前期未收入集的诗作外主要收录创作于1999年至今的作品，同期的学术研究成果大多收录在《结构—解构视角：语言·文化·评论》以及《思维·文化·诗学》中。这一时期郑敏深受解构主义理论的影响，对文化、语言、民族传统的思考上升到哲学高度，在诗歌创作中表现为题材的开拓，如对历史、人、生命、时间、自然、爱、民族的文化思考，对诗歌形式的试验如《诗与形组诗》借鉴诗画一体的古典诗歌艺术。

郑敏曾说她的创作有三次危机。危机即创作过程中求新求变的诉求，每一次危机的解决正是她学术研究和诗歌创作步入新领域的时期。“无意识领域”的研究使她突破了新时期初期的写作困境，写出了《心象》《早晨，我在雨里采花》，对解构理论的深入探析使她突破了中心论、二元论的桎梏，找到了中西方诗学的桥梁，再度进入创作的高产期。

2. 诗歌的多向表达维度：绘画、音乐、哲学

郑敏在西南联合大学主修哲学，辅修文学，在美国布朗大学取得英国文学硕士学位，在纽约进修音乐和绘画，多元的知识结构在其文学创作中留下了深刻的烙印。

郑敏诗中的哲思已被学界普遍认同。李瑛在 20 世纪 40 年代就曾评价郑敏的诗具有“含有箴言似的抽象的迷离的形而上的气质”[82]，唐湜也认为郑敏“对大光明和大智慧有着虔诚的向往”[83]。哲思贯穿郑敏创作的始终，创作后期的哲思在更加广阔的文化视野中展开，总体上呈现出更加形象和自然的韵味。

郑敏诗歌的绘画和音乐特征主要表现在两方面。一是郑敏写了相当数量的关于绘画、音乐的诗歌。如与音乐相关的《秋的组曲》《诗的交响》《音乐》《贝多芬的寻找》《只有音乐》《哀歌：轻轻飘去……致 SBT，新仙逝的最爱的亲人》，与绘画相关的《荷花（观张大千氏画）》《兽（一幅画）》《Renoir 少女的画像》《一幅后现代画前的祈祷》《五台山的佛像》《儿童群的塑像》《梵·高的“星夜”》《一尊雕像》《生活的画面》《画永远悬挂在画室的墙壁》。另一方面，郑敏的诗歌创作引入了哲学、音乐、绘画元素，将诗歌的意义美、旋律美、结构美、形象美融于一体。哲学赋予诗歌理性的思考、形而上的意义高度，绘画赋予诗歌对色彩、布局的形象表达，音乐赋予诗歌情感表达的内在节奏。《诗的交响》全诗的情感结构借鉴交响曲的表达艺术，分为序曲，第一乐章快板：历史的声音，第二乐章如歌的行板：沉思，第三章乐章有力的快板：痛苦、愤怒，第四乐章回旋曲：回归的沉思，尾声：穿过窄门；而主题通过海浪翻滚、鲸鱼飞跃与凝固的黄金、江水东流、白帆滑行与

烟消云散等具有画面感、强烈动感、对比意味的意象表达出生命如旋律般的流动，作者对生命的感悟和思考通过绘画、音乐的表达方式而呈现更独特的艺术体验、更别致的艺术诠释。《画与音乐组诗》由《戴项链的女人》等四首小诗组成，其中，《戴项链的女人》《云鬓照春》《忏悔的马格黛兰》为绘画作品，《贝多芬的寻找——记贝多芬〈第九交响曲——第三乐章〉》为音乐作品。三幅画作中的女人或是被华丽的外衣包裹，或是灵魂被束缚，或是被社会流放，她们都有美丽的容颜、灵魂的觉醒，但终究未挣脱命运。全诗好像一条经历无数险滩的激流，顺势而下，喷涌而出，郁积的情感终于找到出口，《贝多芬的寻找》作为组诗中的最后一首诗，“啊，不要这些噪音!”以果敢、坚决的态度冲破一切束缚，寻找到生命的激情与活力。

3. 从西到东的诗学滋养

郑敏的诗歌创作一如她的学术研究，大致以 20 世纪 80 年代末 90 年代初为界，前期受西方现代诗学尤其威廉·华兹华斯、赖内·马利亚·里尔克、德里达等人的影响较大。《诗集：1942—1947》《寻觅集》《心象》《早晨，我在雨里采花》里的诗歌大多被评论者用“象征”“意象”“哲思”“雕塑”“寂寞”“无意识”等西方诗学的关键词进行解读，如《时代与死》《垂死的高卢人》《死难者》《生命》等多以西方文化内容为切入点，表达寂寞、死亡、惆怅、迷茫的情绪。《寻找》《诗人与海》《诗人的心愿》《卡拉斯的歌声》等任由无意识飞翔，表达对诗歌、人生、生命的哲学思考。

郑敏创作的后期开始关注中西方诗学的相通之处，尝试从中国古典诗歌中汲取营养，如意境的营造、玄远的境界、词语的凝练、含蓄的表意、音乐的节奏感、典故的运用等等。作者自述，“在中国哲学史里我特别醉心于老庄和魏晋玄学的意境。”“最近我非常关心中华民族的传统文化，想要从传统中找到渊源。”[84]《诗与形组诗》是作者借鉴中国古典诗歌的试验之作，其中包括具有画的形象的诗、借用古典绝句形式的诗、融合现代汉语与古典汉语的诗。如：

叠峦重重杂黄伴翠
午后牧神已经入睡
只有微风和我仍然
守望秋阳来去璀璨[85]

层峦叠嶂的苍翠群山，酣然入睡的牧童，璀璨的秋阳构成美丽的画面，整齐的格律带来音乐的美感，营造出宁静、和谐与淡淡的惆怅之境。

这一时期郑敏的诗歌除了融合中国古典诗的形式和结构外，还增添了许多中国古典文化的元素。如在《夏日蝉声与禅语》中，“蝉鸣林更静，风息水更流”“碧绿的凝眸”、大自然的神秘、人与自然心灵契合等意境和内蕴与田园诗、道家思想有诸多相通之处。

4. 人文精神的底蕴

评论家经常引用“这些都使我追随冯至先生以哲学作为诗歌的底蕴，而以人文的情感作为诗歌的经纬。”概述郑敏的诗。[86] 的确，人文精神是郑敏创作的重要元素，其表现在她对诗歌本体的认识，对诗歌发展的使命感和历史感以及诗歌创作中广阔的视野、哲学的高度上。

郑敏对诗歌的理解基于生命体验，她的诗歌就是生命的体验，她在“无意识领域”开拓的创作也是基于对生命特质的尊重。“对于我，诗和生命之间划着相互转换的符号”[87] “这种对人类命运的思考是我此生求知欲的最大动力”。[88] 她在诗歌中不仅抒写了现代人的精神危机、人类的命运，对历史、人生、宇宙的思考，她更加关注下层人民、母爱、女性的意义等等。

面对商业大潮中当代诗坛的浮躁、汉语诗歌的困境，郑敏站在历史、文化、哲学的高度不断呼吁人文精神的核心：生命、爱以及承载生命和爱的文化。她深情地呼喊，“人文主义今天剩下些什么呢？这就是人类应该彼此相爱，彼此互助，人类在自然面前应该谦虚……”[89] “中国年轻诗人缺少一种境界……要有关注人类、自然、地球命运的眼光，对文明、野蛮做深刻的思考”。[90]

第三节　诗哲的使命与广博的学识——《集外诗》

“经历了近一个世纪的颠簸起伏，我从青年迷恋诗歌走向对中国文化的思考，又怎样在岁月的流逝中陷入对人类命运的忧思。从思考而焦虑，而困惑，对人类文化前途的焦虑，近来成了我关注的核心。这些思考，或许就是我的诗哲人生使命，或许就是我难以忘怀的人生。”[91]《集外诗》除《无题》《白果树》等26首诗外，其余均收录作者1999年至2009年间的作品。正如作者自述，青年时期迷恋诗歌，着意诗歌艺术的探索，经过近60年的探索，人生阅历更加丰富，视野更加开阔，思考更加深刻，创作艺术已然圆熟，这时期的《集外诗》更加突显了郑敏的学识修养。

一、诗哲人生使命

在20世纪40年代创作的《诗集：1942—1947》中，郑敏通过自然景物的描写如春天、树林、村落的早春、鹰、池塘、荷花和现实生活中的人物如死难者、清道夫、残废者、学生、雕刻者、人力车夫、垂死的高卢人（塑像）、兽、马等表达了对人生、生命、时间、死亡的思考。在《集外诗》中，诗人站在更宏观的角度，在当代国际化商业化的背景下对人生、生命、死亡有了新的思考，并更加关注历史、人类、命运等主题。

郑敏关注个体生命的质量和价值，揭示了当代人在欲望驱使下的精神危机：焦虑、虚无、自由与生命力的丧失。“人究竟是焦虑的布谷？喧嚣的秋虫？漠然的水鸟？久违坦然的仙鹤了。”“疲惫的呵欠饱的信号怒吼的悲愤，终于　它把王字倒写　揣入怀中”“所有的人都在忙碌　忙碌着投递没有地址的信。”那么，生命应走向何方？《一尊雕像》《这永远的弧线》《画永远悬挂在画室的墙壁》《花篮》《美神之颂》《爱神之颂》告诉我们理想的生命应包括对自由、艺术、美与爱的追求与热爱。

死亡是生命的形态，是诗人一贯的主题。郑敏在20世纪40年代创作的《时代与死》《死》（两首）《墓园》《死难者》，诗歌简短抽象，带着民族战争背景下的社会群体情绪；在《集外诗》中，死亡的主题大多以组诗形式呈现，诗人将死亡置于历史的进程、生命的旅程和个体体验中。《距离组诗》《历史与我：如梦如幻》《神交组诗》《记忆的云片》《最后的和弦》《看云及其他》等回顾了诗人童年的寂寞、青少年时期的理想、回国后的政治运动、商业的大潮，以及诗人的艺术人生，最后坦然面对死亡，“我知道我已经完成了最后的诞生：一颗小小的粒子重新飘浮在宇宙母亲的身体里”。

关于生命的形态诗人的思考融合了多个维度：哲学、历史、艺术。用玉米、影子、母亲和女儿、面包渣的声音、眼睛、镜子等一系列具象呈现出生命的有与无、存在背后的不存在、真实与虚幻；《思与无》《又一次》《最后的和弦》将人、历史、未来的关系，矛盾、和谐、希望的关系上升到形而上的高度，如“在泥土深处，历史不慌不忙地纺织着明天。在深深的泥土中没有解冻的明天”“历史终于走入不可见的深渊”。

诗人对生命的思考还与人类的命运联系在一起。在《丧钟为谁敲响》《四月二十九日的冥想》《最后的诞生》《天堂与地狱同在》《给沉默者之歌》中控诉战争、霸权主义和贫富差距；《世纪的晚餐》控诉人对自然的破坏；《春天的沉思组诗》告诉我们人类的未来：自由、平等、与自然和谐相处，“让我们一起歌唱　那不朽的欢乐颂”“他的手杖指向一个路标：人们，你的道路必须通向自然”“人的价值何在于多言？肉体包裹着无畏的灵魂”。

二、创作艺术的日臻圆熟与自然

如果说郑敏在早期的诗歌创作中无形的拘泥于诗学理论、创作手法，那么郑敏晚年在“无意识”和解构理论的启发下，对诗歌本体的认识不断更新，她御下一切束缚，用心灵感悟生命，以真诚自由、学识修养为底蕴的个体体验自然流泻而出。

1. 诗歌形式的多元化

相较早期的诗作，《集外诗》中有大量的组诗，如《距离与别离套曲》《依萨卡日记》《思与无》《距离》《生活的画面》《给沉默者之歌》《神交》《最后的和弦》《看云及其他》《在黑夜与黎明之间》《心灵的低语》《春天的沉思》《生命，多么神奇》。郑敏之所以选择组诗，旨在表现事物的复杂内涵和个体的丰富情感。比较《诗集：1942—1947》中《春天》与《集外诗》中《春天的沉思》组诗可以发现，前者三小节 16 行，用“一幅展开的轴画”“一个乐曲在开始用沉重的声音宣布它的希望”“一位舞蹈者，缓缓地站起”表现春天穿越冬天的希望。后者由“寻找共同的阳光”“历史不总走人们期待的路”“黑夜你是灵魂之茧”三首小诗组成，每组小诗由 4—5 节构成。“寻找共同的阳光”与《春天》的主题相似，即春天的希望，但它融入了历史、民族使命、坚守信仰的艰辛、青春与岁月等内容，春天充满希望但又布满荆棘，“人们带着自己的最爱与不爱　相遇于自然，在一阵暴风雨后　希望能终于找到共同的阳光”。春天带来希望，但在历史的进程中，人类总是艰苦跋涉，因为历史“随心所欲的游荡因为她不是去赴谁的约会”。正因为如此，人类既要“通向自然”遵循自然规律，又要坚守灵魂的自由，突破黑夜织成的茧，拥有无畏的灵魂。通过比较可见，《春天的沉思》组诗结构更加开放，蕴涵的层次更加丰富，含泪的老人、驼队的脚印、朝圣的队伍、阴暗的森林、狂放的波涛、带着亿万只眼睛的黑夜，作者的想象驰骋四野，意象目不暇接。

郑敏的诗歌以哲学作底，几乎用现代书面语创作，后期尝试古典或生活化的语言。如“在广袤的大地上哭泣只是　风的轻叹　水的微纹　众多生命　消失　只是　一丝微风拂过田野　没有形象　因为没有墓碑　没有声音　因为来不及哭泣”(给沉默者之歌——一个记忆)；《世纪的晚餐》采用了问答式、叙事性的内在结构，具有较强的画面感，“时间吃完了世纪的晚餐　痛苦的鲜艳的红烧牛肉充满希望的苹果　冷静的思考着的香蕉　美丽而不知趣的龙虾　刻着神秘符号的甲鱼。”

2. 中西方文化、多种艺术的融合

《集外诗》体现了郑敏创作的一贯特征，哲学、绘画、音乐与诗歌的融合，此外在结构和内容方面也比前期作品更具历史感。从题材来看，大多与哲学、音乐、绘画、历史相关，如《梵·高的“星夜”》《一尊雕像》《致爱丽丝》《普罗米修斯的遗嘱》《金色的麦田》等；从表现手法看，四者融为一体，音乐、历史、哲学的内蕴主要表现于主题的选择以及结构的内在逻辑上；绘画主要表现于诗歌意象的呈现与画面感上。“等待也许是　最美丽　最空虚的希腊古瓶”“等待也许是　最亲近　最遥远的一次相逢像偶然经过一池怒放的夏荷”将抽象的等待比作具象的希腊古瓶、偶然经过的夏荷，结构上也呈现出反复的节奏感。“冷漠的宇宙啊　星星反射你的亮光，花草吐出你的芳香　你只赐给人类不透明的智慧，没有翅膀的幻想。”以对话的形式，将人类置于宇宙之中，映照人类的渺小与智慧的永无止境。

《集外诗》作为郑敏晚期的作品，除了采用一贯的西方现代诗歌的表现手法外，更趋向于从中国古典诗词中汲取营养，如整齐的韵律、典型的意境、化用典故等表现手法。

有多少　乘鹤入云寻找你
有多少　凝眸远山等候你
你的隐隐显显　超出了多少
心灵的追逐　梦里的寻觅（《思与无——问题》）

从意境来看，乘鹤入云、凝眸远山的意境多出自中国古典诗词；从结构来看，“乘鹤入云寻找你”与“凝眸远山等候你”，“心灵的追逐”与“梦里的寻觅”，对仗工整，“你”“你”“觅”的韵律整齐，内在节奏舒缓、流畅，极富旋律美。

“曾有一位古代的诗人　穿着芒鞋拿着竹杖潇洒前行　向天空的风雨喊道：谁怕”“远古的东方传来一个声音……人们，你的道路必须通向自然：‘人法地，地法天，天法自然’。”分别化用苏东坡的《定风波》、老子的哲学观点。

小河翠柳舞动
窗前飞雨如云
雷声频传积郁
愿明朝重见晴空（《短诗一束》）

翠柳、飞雨、雷声、晴空构成的意象、意境和韵律几乎和古典诗词一样。

同为20世纪初期的当代学院作家，杨绛与郑敏都表现出了鲜明的学识修养，然而其内涵有所差别。杨绛的传统文化根基深厚，人文关怀、人格理想更为突出，其受西方文化的影响主要表现在人文精神与流浪汉小说艺术技巧上；郑敏的学识修养更突出地表现为前期受西方文艺思潮与诗学的影响，专业背景的多元化，后期对中国古典诗学的现代解读，以及在国际文化视野下的诗歌研究与创作。

第八章　当代学院作家创作的艺术追求（一）

——以格非为例

探索性是学院作家从事文化生产的一大特征，部分学院作家执着于文学理论与文学创作实践的探索，不断求新求变。格非是当代学院作家中具有突出艺术探索精神的一位作家。他的文学研究与文学创作总体上可分为两次大的探索：第一阶段是相较于中国传统叙事的突破，20 世纪 80 年代后期以创作先锋小说进入文坛，同时开始从事以西方叙事学为主的文学研究；第二阶段相较于先锋小说创作局限的突破，于 20 世纪末开始转向对中国传统叙事的关注、研究与实践，试图探索既具西方现代叙事技巧，又具中国古典诗性、史传叙事传统的叙事理念与文学作品。

第一节　格非的学术研究与艺术探索

格非，1964 年生于江苏省丹徒县，1981 年考入华东师范大学中文系，毕业后留校任教；2000 年获文学博士学位并转入清华大学中文系，现为教授、博士生导师。格非的学术研究成果大多收录在《小说艺术面面观》《小说叙事研究》《文学的邀约》《雪隐鹭鸶：〈金瓶梅〉的声色与虚无》中，另有学术随笔《卡夫卡的钟摆》《塞壬的歌声》《博尔赫斯的面孔》等。

一、第一次艺术探索：西方现代小说叙事研究

《小说艺术面面观》《小说叙事研究》多是格非 21 世纪前的文学研究成果，也是他在文学领域进行的第一次探索，在中国传统小说的基础上转向对西方现代小说的关注。《小说叙事研究》是对《小说艺术面面观》的补充，除却对叙事理论的阐述，还解读了西方具有现代叙事特征的作家作品。两书沿用世界—作者—作品—读者的体例以及作品要素：语言、结构、故事的体例，通过比较传统小说与现代小说在以上各方面的差异，阐述了西方现代小说的叙事特征。要点可归纳为以下几点：

1. 关于作品、作者与世界的关系

与传统的文学理论诸如“再现论”“模仿说”不同，格非认识到现代小说的实质已发生变化，“在我看来，一个作家所用的文体与形式，通常是作家与他所面对的现实之间关系的一个隐喻或象征。”[92] “写作只不过是对个体生命与存在状态之间关系的象征性解释”[93]。

2. 关于传统小说与现代小说的叙事技巧

格非认为，传统小说在讲述故事时总体上遵循时间的延续性，呈线性的因果联系，依赖于戏剧的冲突与巧合。而现代小说则打破了时间的统一性，对因果联系进行消解，依据生活或存在自身的逻辑和规律对故事进行“拆解”与“重组”。线性的、历时性的故事结构被全景式的、共时性的故事结构所取代。现代小说注重内在意识和感觉的和谐、统一。格非通过对传统小说与现代小说的梳理，他呼唤长篇小说观念的出现既要注重史诗般的规模、全景式的描述方法，也要注重文体的形式特征[94]。

3. 作家作品评论

格非于 20 世纪末发表了大量研究西方作家作品的研究成果，对列夫·托尔斯泰、弗兰兹·卡夫卡、阿尔贝·加缪、马赛尔·普鲁斯特、罗伯·格里耶、威廉·福克纳、豪尔赫·路易斯·博尔赫斯、雷蒙德·卡佛等都有研究。如《霍桑的恐惧与忧愁》《时代与经典》《列夫·托尔斯泰与〈安娜·卡列尼娜〉》《陀思妥耶夫斯基〈罪与罚〉》《包法利夫人》《詹姆斯·乔伊斯：〈都

柏林人〉》《白色的寓言》《玫瑰之名》《卡夫卡的钟摆》《伯格曼的微笑》《布努艾尔与超现实主义运动》《加西亚·马尔克斯：回归种子的道路》《博尔赫斯的面孔》等。

格非肯定了列夫·托尔斯泰的作品的想象力、哲学内涵、历史感以及明朗的叙事风格；赞许了普鲁斯特改变小说叙事的“再现”传统，开创性地实践了“感觉的真实”；肯定了卡夫卡改造并重建传统小说的“戏剧性”结构，代之以极具寓言特征的个人经验；认定了博尔赫斯在语言领域内创造了另一个宇宙，卡佛成功地将叙述进行戏剧性改造、将日常生活戏剧化。[95]

二、第二次艺术探索：融合中国叙事传统

西方现代文学理论的引入催生了以叙事技巧突出的先锋小说，而先锋小说也因其令人眼花缭乱的叙事策略面临着发展的瓶颈。作为集学者与作家于一身的格非而言，他需要从理论层面解决这个创作障碍。

格非于 1997 年师从钱谷融先生攻读中国现代文学专业博士学位，撰写了博士论文《废名的意义》。他认为，废名的整个创作都根植于中国诗性叙事的传统，其明确地把诗歌的意境引入小说。废名的作品着力于整体性的意境营造，淡化故事；重视感觉的自然联通，轻情节的发展与铺排。从结构上可以看出，废名的作品打破了传统线性叙事的陈规，采用“共时性”的表现方法；作品文体带有浓烈的“互文”特点，大量采用空白与省略。[96]

同时，“从 30 多岁开始，我开始重新研讨中国的传统文学，重新研究古典叙事作品，包括中国古代思想史。”[97] 从格非这一时期发表的学术随笔和论文来看，除了论及部分涉及西方现代作家作品外，还论及了大量中国古典文学和现代文学作品，如《红楼梦》《聊斋志异》《浮生六记》等。

格非 21 世纪的学术成果大多收录在《文学的邀约》中，全书分为经验与想象、作者及其意图、时间与空间、语言与修辞四章。本书中格非试图融合中国传统叙事的诗性传统、史传传统与西方现代叙事理念，探索中国现代小说的未来。他认为“文学不会死亡，正在死去的是现代意义上的文学”，未来小说的可能，是将个人经验重新陌生化，利用传统故事，摆脱传媒信息的

依赖。

第二节 文学创作：叙事艺术的求新求变

格非自1986年发表《追忆乌攸先生》以来，较有代表性的中短篇小说还有《迷舟》《褐色鸟群》《青黄》《傻瓜的诗篇》《锦瑟》《雨季的感觉》《相遇》《蒙娜丽莎的微笑》《隐身衣》；长篇小说有《敌人》《边缘》《欲望的旗帜》《人面桃花》《山河入梦》《春尽江南》《望春风》；另有散文集《格非散文》及学术随笔。

格非的学术研究与文学创作相对应，可分成两个创作阶段。第一阶段为1986年至1995年，西方现代小说的叙事实践阶段，即文学史上的“先锋小说”创作阶段，代表作有《迷舟》《褐色鸟群》《相遇》；自1995年以后，格非大约10年间未有大作发表，直至2004年发表《人面桃花》后才进入创作的第二阶段。经过近10年的沉寂与思考，“江南三部曲”的叙事有了较大变化，中国传统叙事的诗性、史传性成为格非关注的重点。

一、“先锋”叙事

格非于1981年考入华东师范大学中文系，1986年发表处女作。20世纪80年代西方文学理论大量涌入中国，与中国文坛“去政治化”的需要相互作用，共同催生了“先锋小说”。可以说，格非能够成为“先锋小说”的代表作家之一，与中国文学发展的时代境遇紧密相关。他曾提及，“在大学里从三年级开始基本上都读西方的小说”[98]，列夫·托尔斯泰、卡夫卡、加缪、普鲁斯特、格里耶、福克纳、博尔赫斯、卡佛等共同影响了格非的文学观念与小说叙事技巧，潜移默化中促成了他在该时期文学创作的特点。

1. 关于主题

格非认为，作家选择的叙事方式与作者对世界的感知有关，这将“先锋小说”的叙事不仅停留在叙事技巧层面，还上升到作者对存在状态表达的哲学层面。格非写道，“他（写作）除了听从内心的召唤，尽可准确地表达他自身的处境之处，并无另外的使命。”[99] “人物与这个世界的疏离感，是我一贯的设定。犹疑或恍惚，的确如此……从80年代开始，我有很多小说都和精神疾病有关，首要原因是我担心自己随时会崩溃掉”[100]。格非的小说总体上弥漫着紧张、焦虑、不安甚至恐怖、虚妄的神秘气息，事件或人物大多模糊混沌，情节时常伴有个人命运的无常、世事的荒谬、个人的死亡等等。《迷舟》讲述萧走向死亡的宿命；《陷阱》中黑桃直接道出了格非笔下大多数人物的命运——“你将终身命定没有归葬之途。唯有遗忘可以拯救你”；《傻瓜的诗篇》讲述精神科医生爱上女精神病人被当成精神病人医治的故事；《赝品》中的每个人物都非常焦虑，他们感叹“活着就是受罪”“生活就是无期徒刑”；《相遇》中无论是野心勃勃、志在必得的远征军将领荣赫鹏，还是信仰坚定、心怀怜悯的传教士和寺院的大住持、忧郁文雅的驻藏官员无一避免死亡的宿命。

在长篇小说《敌人》中，当赵伯衡的家被一场大火付之一炬后，一家四代人都活在窥测敌人的焦虑与不安中，也正是在不祥阴影的笼罩下赵家的人一个个走向不幸或死亡。《边缘》讲述了“我”的一生，从父亲去世、“我”离开麦村上战场、回到家乡历经多次政治运动，无一不走在死亡的边缘；《欲望的旗帜》中的贾兰坡、宋子衿、曾山、张末受权力、名利或情欲的折磨，最终德高望重的贾兰坡自杀，宋子衿精神崩溃，曾山、张末为此一直活在焦虑、痛苦和不安中。

2. 关于题材与叙事

格非前期小说的题材大多与乡村有关，他往往通过乡村的凶杀惨案、情欲恩仇等故事表达荒谬、紧张、焦虑的主题。《追忆乌攸先生》叙述了关于乌攸先生的一桩悬案；《失踪》追溯女民兵营长祝云清被谋杀的悬案；《马玉兰的生日礼物》讲述了马玉兰与朱大钧的爱恨情仇导致疯狂地报复最终走向死亡；《大年》中，豹子即使逃过了母亲对他的谋杀，但也难逃被自己最信任的人杀死的噩运。对于乡村题材的选择，格非曾说，暴力、诡谲的欲望和神秘事件来源于两个方向：一是童年经验，二是40年前的中国乡村仍然保留着较为丰富的传说、风俗等历史故事，可以给记忆或想象以足够的支撑。[101] 格非城市题材的小说多与情欲、名利欲望、生存焦虑有关，常伴有情感背叛、离婚、精神压抑、疾病、衰老、死亡、梦想破灭等情节。《蚌壳》《谜语》《初恋》《时间的炼金术》都关涉三角情欲游戏对爱情的瓦解；《初恋》中更是道出了婚姻的未来要“时刻准备，各奔东西”；《苏醒》《沉默》《锦瑟》《凉州词》讲述了梦想的逝去或实现最终都走向痛苦或死亡。

格非小说的叙事深受西方现代小说的影响，最大的特征即是对时间的重新定位。他认为，现代小说对时间统一性的破坏，对因果联系进行消解，依据生活或存在自身的逻辑和规律对故事进行“拆解”与“重组”。这一叙事策略表现在格非的作品中呈现三个特点。其一，小说从多个人物的角度（非全知视角而是限制视角）讲述故事的某个局部，从而逐渐拼凑出故事的梗概，使故事变得模糊、复杂甚至神秘。如《追忆乌攸先生》《青黄》《蚌壳》《半夜鸡叫》《湮灭》《雨季的感觉》《风琴》等小说，篇名暗示着主人公和故事似乎是隐形的，但周遭的人又从各自的角度讲述故事的各个侧面，这与格非曾研究过的陀思妥耶夫斯基擅长的多声部“复调”的艺术手法一致。二是大量插入人物的回忆、冥想、预感，营造出紧张、焦虑、恐慌的氛围。回忆与冥想几乎出现在格非的大多数小说中。《迷舟》中萧不断回忆父亲与杏的往事；《褐色鸟群》是关于“我”在水边看到褐色鸟群的冥想；《锦瑟》《凉州词》是作者对于历史人物命运的冥想；《欲望的旗帜》中关于曾山与张末恋爱结婚的情节几乎都是通过两人的回忆拼凑而成的；《敌人》中赵家几代人都活在假想敌人的不安氛围中。对此，格非曾说，“所以我觉得我写小说，一开始会介入到幻想，或者说不确定性，或者命运的不可知性，我觉得是跟我个人的经历有关系的。”[102] “喜欢冥想，作品也带有强烈的超越性……写作就是回忆，但同时回忆也是想象。”[103] 其三，作品的隐喻特征。格非肯定了普鲁斯特改变小说叙事的“再现”传统，将“感觉的真实”视为至高无上的唯一“真实”；认为卡夫卡个人经验以及这种经验的提纯使他的故事带有了寓言特征。[104]《锦瑟》中冯子存无论是作为古代学子、商人、君主都无一避免地走向孤独与凄凉，要么自杀要么被背叛，最终走向死亡。这是格非对不同生命存在的诠释，生命存在的形态有所不同，但生命的本质殊途同归。《凉州词》中，不论是诗作本身的意境，还是王之涣本人的遭遇，以及学者临安博士的人生际遇，都暗示了生命的孤冷与凄清。长篇小说中的隐喻象征更加明显，《敌人》整体上暗示了生命存在与外在环境的敌对状态；《边缘》暗示出个体生命面对环境的不安全感与生命的偶然性。这些隐喻与象征在整体上成功地突显了格非一直以来表达的主题：个体存在的紧张、不安、焦虑甚至恐慌的情绪状态。

二、融入中国传统叙事艺术

20 世纪 90 年代末至 21 世纪初是格非创作发生转变的一个时期。他提及，“我自己的写作一度受西方的小说，尤其是现代小说影响较大，随着写作的深入，重新审视中国的传统文学，寻找汉语叙事新的可能性的愿望也日益迫切。”[105] 格非 21 世纪初创作的中短篇小说《暗示》《戒指花》《不过是垃圾》《蒙娜丽莎的微笑》《隐身衣》，长篇小说“江南三部曲”——《人面桃花》《山河入梦》《春尽江南》以及《望春风》。与格非的学术研究相对应，格非对西方现代小说叙事的实践转向对中国传统叙事的关注，并尝试融合两种叙事来表现现代个体的存在状态。这一时期格非的文学创作具有以下特点。

第一，主题的延续与升华。“小说从根本上来说，是个人与现实（历史）关系的一种隐喻。写作因此变成了一个双重谜语，作家设置谜语，……但同时，他亦常常陷于迷局之中。”[106] 格非在新世纪延续着对个体焦虑不安状态的叙述，同时在长篇小说“江南三部曲”中试图分析这种状态产生的根源。《暗示》《戒指花》仍讲述情欲、离婚以及伴随的焦虑感，《戒指花》由一则关于奸杀的假新闻写到另一个悲情的悬疑案；《不过是垃圾》《蒙娜丽莎的微笑》通过对同窗好友的回忆讲述美好的逝去，对生命的厌倦和绝望；“江南三部曲”中的父亲、张季元、秀米、谭功达、秀蓉一生都执着于难以抵达的乌托邦，秀米、翠莲、秀米母亲、姚秘书、绿珠对爱情的渴望，即使所处时代环境不同身份各异，但最终历经坎坷直至人生尽头也无一实现梦想。个体欲望的不可企及，个人努力及梦想被外在世界看成笑谈，是个体艰难存在的重要原因。格非解释，“我在这个人物（谭功达）里面融入了自己对世界的态度，疑问和绝望，思考和化解不开的痛苦。”[107]

第二，西方现代小说叙事技巧由显至隐，中国传统叙事中的诗性、史传性在新世纪的创作中得到重视和实践。“我确实是在努力地追寻中国传统的东西，想将传统文化与现代小说更好地融会在一起……我仍然没有放弃对现代主义的探索。”[108] 通过比较早期的小说《追忆乌攸先生》《迷舟》《褐色鸟群》《敌人》《边缘》等，格非21世纪创作的小说将时间的跳跃、多重叙述与叙述空白，冥想、回忆、幻觉类的描写运用得更加成熟和自然。《暗示》《戒指花》《不过是垃圾》《蒙娜丽莎的微笑》《隐身衣》以及“江南三部曲”的故事情节更加清晰可辨。《人面桃花》中秀米与张季元的暧昧情感、张季元的革命行为分别由秀米、张季元、张季元的日记共同叙述，花家舍几位土匪头互相残杀分别由被害者、秀米、杀害者、旁人共同叙述，“重复叙述”与“叙述空白”使故事情节延迟、悬疑不决甚至变得更加神秘。与此同时故事的情节进展往往又出人意料，花家舍几个土匪头竟然被小马官杀死，《山河入梦》中陪伴谭功达的驼背老人竟是传说中神秘的花家舍公社负责人郭从年。

“江南三部曲”试图继承中国小说的叙事传统，关注小说叙事的诗性、史传性以及整体的隐喻特征。对此，格非明确提及，“我以为中国的小说叙事除了史传与笔记小说的传统之外，还有一个诗性的传统”。[109] “90年代末以后，我个人的写作倾向发生较大转变，开始喜欢那些历史感较强的一类作家”。[110] 格非的诗性主要指小说的抒情性，情感的渲染在格非作品中表现为个体存在状态的描述、个体与环境疏离的氛围营造。抒情性、隐喻性在格非前期的作品中已有呈现，但在后期创作中作者更注重作品的整体隐喻特征及历史感。“江南三部曲”从时间跨度和内容看，以秀米一家四代人为主要人物讲述了国民革命早期、20世纪五六十年代以及当下近一个世纪中国社会内在精神的衍变。四代人中的父亲、秀米、谭功达有着“天下为公”的乌托邦梦想，他们在不同时代和境遇下都终难在现实环境中实现理想。父亲被认为是“疯子”，秀米一开始被认为是“另类”后被人奉为革命先驱，谭功达被认为是不体恤民情的个人激进主义者。其中具有讽刺意味的是，父亲大同理想中的“风雨长廊”由土匪在花家舍建成了，20世纪五六十年代的花家舍公社更是社会主义高级公社的典型代表。在“江南三部曲”的最后一部《春尽江南》中，谭功达的儿子同母异父的哥哥王元庆继承了父辈的梦想，但最终进了精神病院。谭端午已少了祖辈父辈对“大同”理想的执着，开始追求个人精神的自足。从大同理想转向个体，个体的内心并没有变得更加平静和富足，反而外在世界给予了个体更多的诱惑，个体与世界的关系依旧非常紧张，同时家玉、徐吉士、陈守仁、绿珠等在权力、财富、情欲的诱惑下最终走向崩溃或死亡。

第三节　告别先锋后的叙事探索——《隐身衣》

先锋小说的叙事策略使小说的故事情节和叙事语言零乱、破碎，这在一定程度上给读者的阅读和先锋小说自身的发展带来了局限性。格非在 20 世纪 90 年代末从学术研究及文学实践的双重视角看到了这一点，并试图从中西方传统叙事中找到出路。“江南三部曲”注重作品的历史感及整体隐喻，《隐身衣》在故事情节、小说主题以及叙事语言方面作了进一步探索。

一、故事情节的生活化

小说《隐身衣》的主人公“我”是资深音乐发烧友，以为高端客户定制高级音响设备为生。小说以音响设备名称和音乐名称作为每一章节的标题，围绕“我”讲述了几个故事：“我”和玉芬从相识相爱到离婚、“我”和蒋颂平儿时的友情及成年后友情的破灭、姐姐逼迫“我”搬家和相亲、“我”与丁采臣的交易、“我”与毁容女结婚生子。

相较于格非惯写的凶杀悬疑、情感背叛、死亡宿命以及营造的紧张、焦虑、不安的氛围，《隐身衣》处理得更加自然，神秘而不安的意境逐渐淡化。从情节上看，与格非之前的小说相比，爱情的背叛、友情的破灭、亲情的扭曲，自杀、毁容等情节大体相似。但结局却出人预料，“我”没有在恶劣的现实环境中走向宿命般地自我毁灭或被毁灭，而是与神秘的盘龙谷毁容女人结婚生子，过着既有淡淡忧愁又快乐的生活。

从意境上看，古典音乐在《隐身衣》里既丰富了主人公“我”的精神世界，又推动了故事情节的发展。音乐对精神世界的涤荡在一定程度上缓和了格非小说常有的紧张氛围和死亡气息。“我”热爱古典音乐，在精神世界里也有宽广宁静的一面，即使面临艰难境遇但却主动与生活在某种程度上达成了和解或妥协，以宽容的心态面对世界，发现生活的美好。

古典音乐的大量叙述、故事结局的“理想化”、对“我”各种各样的客户的描述、自然而然的儿时回忆，使《隐身衣》相较格非之前的小说情节更加生活化，叙事节奏更加舒缓，增添了小说的抒情意境。

二、叙事的日常化

格非在此前的小说中常用的冥想、幻象、回忆，以及多重叙述与叙述空白，在《隐身衣》中仍有体现，但篇幅有所减少，由此使得衔接更加自然了。由“我”与蒋颂平现在的交情回忆儿时的友情，由“我”做音响胆机的缘由追溯父亲的死；丁采臣与毁容女的故事采用了“我”、蒋颂平、毁容女的视角多重叙述但仍呈现出“叙述空白”；丁采臣自杀事件的缘由模糊难辨，营造出一贯的神秘氛围，而“我”与毁容女结婚生子又在一定程度上淡化了死亡与神秘的气息。

从人物的视角看，全文采用第一人称限制视角。较格非之前的作品使用大量冥想、回忆或幻象，《隐身衣》更注重现实的摹写。格非发表于 1994 年的《边缘》也采用了第一人称，故事中“我”离开家乡上战场，从战场返回家乡历经多次政治运动，一生都行走在死亡的边缘，“我”孤独忧伤、紧张焦虑、多愁善感，常常陷入回忆、冥想，如“现在，我依旧清晰地记得那条通往麦村的道路。多少年来，它像一束幽暗而战栗的光亮在我的记忆里闪烁不定。我记起那是一个遥远的四月，阳光收敛，雨水滂沱。”[111]《隐身衣》一方面从“我”的视角介绍了与“我”打交道的形形色色的人与发生在“我”身上的事：我与牢骚满腹的教授、附庸风雅的商人、善良可怜的社会底层、神秘莫测的黑社会、隐身的音乐发烧友之间的日常生活；另一方面本着“我”

的职业身份和音乐发烧友的身份，小说以轻快的笔调将音乐、音响设备的知识娓娓道来。

从叙事的语言来看，全文更加简明和日常化。格非早年的大多数小说尤其是第一人称小说如《褐色鸟群》《边缘》《没有人看见草生长》《夜郎之行》《背景》等，擅长大量的内心描写，而且常常伴有雨、水的意象，语言细腻、节奏缓慢。而《隐身衣》的语言呈现出日常化态势。一是语言生动、形象、简洁。如描写教授的牢骚："如果夏天蚊子少了，他们会说，哎呦呦，如今这个世界，已经堕落到连蚊子都羞于活下去的地步了呀；如果蚊子多了，他们又会说，妈呀，这个世界，恐怕也就适合这样的动物生存繁衍。"[112] 二是小说的叙事方式采用作者与读者对话的形式。如"朋友，你的日子还不算坏。你那可以望得见的未来，也还有点希望。""可是现在，你大概已经知道，我所说的那个'愚蠢的计划'，指的到底是什么了。没错，我要让这对箱子出手，把它卖给丁采臣。"[113] 内心深处的剖析、回忆与冥想的表现形式转后轻松、自然的与读者交流，这是格非在叙述语言上的一大变化。而后者使《隐身衣》的整体风格变得简洁而不失意义、轻快而不失深刻。

三、小说主题的整体隐喻：隐身衣

从《敌人》《边缘》《欲望的旗帜》到"江南三部曲"再到《隐身衣》，其表现的主题既有内在的统一性又有一定的变化，揭示个体的存在状态是格非一贯的主题。《敌人》《边缘》以乡村故事为题材描写存在状态本身，整个故事和人物都处于紧张、焦虑、渐近死亡的氛围中；《欲望的旗帜》以高校知识分子为描写对象，除了描写个体的存在状态，还明确揭示了状态产生的根源是欲望；"江南三部曲"以史诗般的结构探讨了并非私欲的"大同理想"在各个历史时期的艰难境遇；《隐身衣》则在一定程度上试图探索生存的可能性：像隐身于都市的音乐发烧友一样，穿着隐身衣，隐身于古典音乐浸染的精神世界里，从而能够宽容地看待现实世界。

从存在状态的刻意抒写到生存策略的探索，格非历经了近 30 年的时间。《隐身衣》对生存的探索也并非作者的一时之想，从其长篇小说创作中可以寻觅它的形成过程。《欲望的旗帜》中慧能院长看透世事后的淡定从容，以及曾山、张末对回归生活本身所做的努力；《春尽江南》中谭端午既没有祖辈的“大同理想”，也没有卷入物质、权力、金钱与情欲的漩涡，他逐渐从祖辈的欲望之身走向精神的自足。《隐身衣》延续了谭端午这一人物的精神世界，他生活在欲望的现实世界，遭遇过许多不幸，但他一直试图在个体与世界中找到生存的平衡点，“最好的东西往往只有表面薄薄的一层，这是我们的安身立命之所。任何东西都有它的底子，但你最好不要碰它。只要你捅破了这层脆弱的窗户纸，里面的内容，一多半根本经不起推敲。”[114] 音乐既是情节的需要，也是自足精神世界的象征，或许音乐就是我们的隐身衣，我们在音乐的世界里体验并憧憬世界的真善美，并凭借它缓解我们与世界的紧张关系。

从《敌人》《边缘》《欲望的旗帜》到“江南三部曲”再到《隐身衣》，即由外在的欲望引发的紧张、焦虑与恐惧走向自足精神的平凡与宁静，这是格非 30 年创作不断的探索。正如《隐身衣》里对整天抱怨世道混乱、道德沦丧的教授的讽刺，“如果你不是特别爱吹毛求疵，凡事都要去刨根问底的话，如果你能学会睁一只眼闭一只眼，改掉怨天尤人的老毛病，你会突然发现，其实生活还是挺美好的。”[115] 格非对教授的调侃也可看成是他对自己的调侃，他大部分作品几乎都在为我们描述欲望的现实世界给人们带来的精神焦虑与死亡宿命。然而，《隐身衣》中“我”与世界的和解是愉悦的还是痛苦的？或许引用格非的一句话可以说明：“真实、平凡的世界是如何被巧妙地加以装饰，而这种饰物又是如何为希望提供了保证。……希望的无限延搁，通往塞壬的旅程的不可抵达本身即是一种深刻的绝望。……塞壬的歌声既是宿命，又是慰藉。”[116]

格非与余华、苏童均于 20 世纪 80 年代以先锋创作成名，又在先锋文学发展后期转型。与余华、苏童相比，格非的人生轨迹相对简单，即从学校的学生到学校的教师，其文学创作也因此更具有学者气质。胡河清曾评价三人：“蛇精格非”“神猴余华”“灵龟苏童”，虽然未做阐释，足可见格非理性、清冷的一面。

从文学探索的过程来看，从事文学研究的格非的文学探索具有更多的自觉性和前瞻性。先锋文学创作时期，余华对暴力、血腥、死亡的冷静叙述以及富有张力的语言让人印象深刻，苏童特有的江南水乡的细腻情感以及编织的诡谲故事独树一帜，格非带着他鲜明的叙事策略与技巧步入文坛。转型之后，他们一方面保留了一部分先锋文学创作时期极具实验性的创作策略，一方面开始新的探索。余华讲述故事的时候更加关注现实世界，苏童继续编织梦境或历史情境中的故事。格非较早认识到先锋文学创作的瓶颈，有意识地向中国传统文学汲取营养，而后创作的“江南三部曲”在题材、主题、叙述技巧、作品整体的历史感、抒情性方面都有较大的突破。

从作品的总体特征来看，余华、苏童作品的故事性更强，故事情节具有较大的张力，格非的作品更注重叙事的结构和技巧，情节大多零碎。即使同是表达个体与现实世界的紧张关系，余华、苏童多通过故事的情节表现，而格非大多通过紧张的人物心理、环境关系、情节的多重叙述与空缺，以及人物的冥想、幻觉表现。余华的语言大多简洁轻快，更具生活气息，格非的语言多为规范书面语。余华、苏童作品的题材相对宽广，包括历史事件、乡村故事、社会热点等，格非的题材主要局限于乡村、大学校园。

从作品接受广度来看，余华、苏童的作品因其故事性和语言等特征，拥有较多读者。格非的作品因其故事情节的弱化、叙述结构的复杂性，以及语言、题材的特点，读者群不及余华、苏童。

第九章　当代学院作家创作的艺术追求（二）

——以曹文轩为例

在当代学院作家中，曹文轩的作品呈现出诗情画意的美感。其文学作品有的被称为纯美小说，有的被称为儿童文学、幻想文学，皆传递自然间的至真至善至美，其学术著作也同样表现出作者的诗情和才情。曹文轩在创作上的价值取向与美学追求，既与他个人生存体验与情感体验有关，也与他作为文学从业者不懈艺术追求有关。

第一节　美的邂逅与坚守

曹文轩生于1954年，江苏省盐城市人。1974年，因文学创作颇有名气，以工农兵资格保送至北京大学，毕业留校任教至今，现为北京大学中文系教授、博士生导师。

一、江南水乡的生存体验：美的邂逅

曹文轩在盐城农村生活了20年，当谈到自己的创作时他总是提到家乡，“那片土地给了我灵气、题材、主题和故事。”[117] 江南水乡的精巧与清新、乡人的朴实与淳良、父亲小学教员的身份等共同给予了曹文轩积极的人生价值观和诗意的审美情趣。

诗意与苦难，是作者青少年时期情感体验的两个关键词。一方面，江南水乡自然风光的纯净与柔美，童年快乐时光的追忆赋予了作者对“美”的诉求。“这是一个道道地地的水乡……水对我的价值绝非仅仅是生物意义上的。它参与了我之性格，我之脾气，我之人生观，我之美学情调的构造。”[118] 另一方面，火灾、虫灾等自然灾难以及伴随的贫穷、饥饿赋予了他对苦难的体验与思考。曹文轩笔下的苦难并不完全是悲剧意义的，而是作为成长的必经历程和宝贵财富，其相伴而生的人之坚韧与人间温情使苦难的抒写也极富诗意。

二、作为学者的文学研究：文学审美价值的坚守

曹文轩的学术研究大致可分为三个方面：一是文学现象述评，出版著作《中国八十年代文学现象研究》《二十世纪末中国文学现象研究》。二是文学理论研究，出版著作《第二世界——对文学艺术的哲学解释》《小说门》。三是对儿童文学的关注，散见于学术论文及访谈中。

1. 学术观点：强调文学的艺术性

从研究成果来看，重视文学的艺术性、审美价值成为曹文轩学术研究的基本观点和出发点。他认为文学研究更重要的使命是对文学的艺术问题进行研究。[119] 在诸多的艺术元素中，应关注审美的情趣如美的情感、情调、情境。关于审美取向，他认为，和谐是中国美学的最高范畴，柔性人格是中国人的理想人格。[120]

对于审美情感的表达，曹文轩认为现代形态的小说从“义”往“感”过渡，肯定了感觉的重要作用，重视色彩、通感的运用，以及情调氛围的营造。[121] 他质疑现代形态的小说零度写作，认为它们缺乏悲悯情怀、风景描写。不过曹文轩在《大自然崇拜》《原始主义的倾向》《浪漫主义的复归》等文中，肯定了阿城、汪曾祺的创作风格传承了中国古典文化“乐而不淫，哀而不伤”的中和之美，认为贾平凹、李杭育、郑义等作家关于自然之境、闲适之趣、节制之情的描写非常精彩，评析了川端康成、沈从文、鲁迅、契诃夫、废名、郁达夫等作家擅长写景、营造出的氛围感。

向往自然、和谐的审美趣味使曹文轩关注与之联系密切的自然、儿童。他认为，“流浪——还乡”的文学母题蕴涵了浪漫主义者的大情趣。[122] 中国作家的作坊情结既有传统文化对手艺欣赏的雅趣，又有对闲适境界的认同。[123] 曹文轩在《中国八十年代文学现象研究》中《觉醒、嬗变、困惑：儿童文学》专章评析了儿童文学，他认为儿童文学应既有教育性又有文学性，应将教育意义与审美意义、大众化与艺术化相结合。[124]

2. 学术表达：文学创作者的烙印

曹文轩的学术著作不管是研究的对象还是语言表达的形式都融入了文学创作者的思维和经验。

其一，创作特色明显。在《第二世界》《小说门》中对文学理论的阐释大多源自曹文轩的阅读经验与创作经验。“这本书肯定留下了搞文学创作的人的思维痕迹。除了文风以外，……我出于创作的欲求，克制不住要回答：这一切特征是通过何种具体手段得以构成、由哪些因素所组成，把手段、因素一一道来。”“我首先承认的是我自身的阅读经验。本书无疑具有创作论的色彩。”[125] 在《中国八十年代文学现象研究》《二十世纪末中国文学现象研究》中即使是对文学现象的评析，也可看出曹文轩对儿童文学、自然、情调的特别关注；《小说门》专章分析了风景在小说中的作用、风景描写的艺术经验。这些学术研究的关注点与曹文轩文学创作的风格相契合。

其二，语言生动，具有文学作品的丰富性、形象性特征。曹文轩的学术著作多由讲稿演变而来，犹如与学生谈天，语言通俗易懂，文学理论的阐述大多运用比喻、举例等手法深入浅出。如描述语言与对象关系的变迁，“随着符号的增多，人们对它们似乎有点管不过来了。符号不甘心被拴在对象的石柱上，在人们不知不觉中解掉绳索，悄然无声地从对象那里溜走了。”[126]

第二节　文学创作中突显的艺术性

曹文轩自1983年出版中篇小说《没有角的牛》以来，至今已出版文学作品集《忧郁的田园》《红葫芦》《蔷薇谷》《追随永恒》《三角地》等，长篇小说《埋在雪下的小屋》《山羊不吃天堂草》《草房子》《天瓢》《红瓦》《根鸟》《细米》《青铜葵花》《大王书》《我的儿子皮卡》《丁丁当当》等。其作品曾获宋庆龄儿童文学奖金奖、冰心文学大奖、国家图书奖等40多种奖项，突出的艺术性追求贯穿曹文轩文学创作的始终。

一、艺术美的探索与实践——学术研究与文学创作的互文

曹文轩在学术著作和创作访谈中多次强调了文学的本体性，尤其是文学的审美价值。他认为，文学的维度不只是思想深刻这一个维度，还有道义、审美、情感等其他维度。道义，包括无私、真挚、同情弱小、扶危济贫、反对强权、向往自由、呵护仁爱之心；审美，包括美和美感；情感，包括悲悯情怀。[127] 这既是作者的文学观点，也是作者在文学创作实践中一直遵循的原则，文学的艺术性、美感与悲悯情怀都在其文学作品中有突出的表现。

1. 从创作的主题来看，大部分作品都有隐喻的特征

《根鸟》是一部关于成长的寓言。14岁的根鸟受梦的牵引，执意要在开满百合花的峡谷里寻找跌落到谷底的紫烟姑娘，于是他从菊坡出发，路过青塔、鬼谷、米溪、莺店，最终找到了梦中的峡谷。根鸟的寻找象征着成长过程中对善良、美的不懈追求，路途中遇见的驼队、板金、老奶奶、老僧人、长脚、秋蔓一家、金枝分别象征着成长过程中的嘲笑、同行者、帮助、恶、欣赏与赞美、诱惑。根鸟在寻梦的旅程中曾中途返家试图放弃、留连秋蔓一家的温暖与舒适、眷恋金枝的情欲，但历经身体与精神的重重磨难，最终找到了自己的梦想之地。虽然在成长的过程中伴随着困惑、抉择与艰辛，但他选择继

续前行最终实现了梦想。

《山羊不吃天堂草》是人性的寓言。明子家视为最后的希望的山羊被赶到长着最肥美最漂亮的天堂草的草地上吃草，但它们宁可饿死也不吃。明子、黑罐、三和尚从农村来到城市，以做木匠为生，生活虽贫穷艰辛但终究坚守了善良、真诚、勤劳的本性。

《天瓢》是关于命运的寓言。天瓢即神行雨时的瓢，雨一直贯穿着小说的情节、人物性格、地方风情等。雨赋予了油麻地人雨一般的性格，“油麻地的人脸色永远是苍郁的，手心永远是潮湿的，目光永远是呆滞的，口齿永远是木讷的”“这雨使油麻地的人很难变得清醒、执着”[128]。而外来客杜元潮却在油麻地实现了人生抱负，其原因是他的性格不像雨一般。但即使他主政油麻地几十年也难逃命运的眷顾，他的一生从大雨之后“漂来的一块棺材板”开始，到60年后伴随大雨“漂去的一口棺材”结束。贯穿全书的十几场雨就如人的命运一般，营造出一种神秘而感伤的气息。

《大王书》是一部幻想小说。书中的牧羊少年茫最终打败了熄，他的形象象征着勇敢、智慧、善良与正义。

2. 从作品的情节来看，大部分作品都传达了人与自然、人与人之间和谐、真诚的情感

其一，人与自然的高度和谐——灵性的交流。《草房子》中桑桑和鸽子是好朋友；《丁丁当当》中丁丁能和鸭子共游谈话，为鸽子挺身而出不惜自己受伤，能和瞎眼山羊进行神秘而充满灵性的交流；《青铜葵花》中青铜和牛默契十足，葵花父亲如生命般热爱着向日葵。

其二，极致地抒写人的美好品质、人与人之间的美好情感。曹文轩选择儿童视角展现人性之善，使善变得合乎情理。《草房子》中桑桑善良、真诚、富有童真童趣，纸月美丽、文静、善良、多情；《细米》中细米和知青梅纹的情感纯洁、真挚；《青铜葵花》中青铜一家与葵花的情感胜似亲人；《丁丁当当》中丁丁、当当单纯、善良、勤劳，丁丁救起掉进陷阱里的、曾经伤害他的亮疤，当当拯救画家蚂蚁象的身体和灵魂。

其三，个人成长过程中的精神升华。成长既快乐自由，同时又伴随着烦

恼与苦难。自然灾难、至亲的离去、富足之家的突然衰落、复兴家庭的努力和失败是曹文轩小说中反复出现的苦难意象。青铜一家的贫穷，葵花失去唯一的亲人；梅纹失去父母；杜小康家道中落，与父亲一起负债买鸭放鸭，但最终失败；谈得一手好胡琴的赵一亮也因家庭变故一改少爷形象迅速成长；年少的明子和爸爸借钱买羊养羊失败，只能远出打工。“我甚至认定，文学正是因为它具有悲悯精神并把这一精神作为它的基本属性之一，它才被称为文学。”[129] 但曹文轩并非单纯地展示苦难，而是想传达一种面对苦难的坚韧精神，由此营造出忧伤而温暖的情调。

3. 从创作的技巧看，曹文轩在设计篇章结构时匠心独运

曹文轩在《小说门》中总结了小说的几种结构，即双拱、串联、层递、框架、环形、交错。《红瓦》《草房子》是串联结构，讲述油麻地几个少年的童年故事，每章以人名或地名作为标题，并以某地或某人贯穿全文。《天瓢》是层递结构，以各种雨作为每章标题：香蒲雨、狗牙雨、枫雨、鬼雨、哑雨、骚雨、丸雨、黑雨、疯雨、半吊子雨、巫雨、梧桐雨，雨既营造阴郁、紧张的氛围又推动情节的发展。《细米》为层递结构，以一首儿歌贯穿全文，每一句歌词即为每一章的标题：“树上的叶子树上的花，树上的叶子就是我的家。风也吹，雷也打，太阳落进大河我回家。买一根线，买一团线，买根红绳给我姐姐梳小辫，小辫长，小辫短，我家姐姐是花一朵。”儿歌也勾勒出小说中姐弟的深情，和轻快、质朴的故事氛围和语言风格。《根鸟》《丁丁当当》是框架结构，前者以根鸟寻找紫烟和峡谷为一个大的框架，大框架又由根鸟在寻找过程中的几个独立的小故事构成；《丁丁当当》以丁丁、当当相互寻找为故事的大框架，其间又由两人各自发生的故事组成。《青铜葵花》可看做成环形结构，葵花从城市来到乡村，与青铜一家感情深厚，但最终仍然由乡村回到城市。

4. 从创作的风格看，凭借风景描写营造诗一般的意境和氛围

曹文轩认为，“现代小说因为缺乏古典小说中的树木、草原、河流、小溪、露珠与青草，使人感到焦灼、枯涩，怎么说也是缺憾”[130]。与此相应，风景描写在曹文轩的小说中占据着重要的位置，大多以江南水乡为描写对象，

细腻、精致，富于画面美、动态美和意境美，如“雨下着，依然细细的，柔柔的，银银的，亮亮的”“峡谷上空的阳光是明亮的，甚至是强烈的，但因为峡谷太深，阳光仿佛要走过漫长的时间。因此，照进峡谷，照到这些百合花时，阳光已经变得柔和了，柔和得像薄薄的、轻盈得能飘动起来的雨幕”[131]。

在众多风景描写中，有自然风景的客观描写，有主人公眼中的风景描写，有营造情调的风景描写，也有富于象征意义的风景描写。江南水乡成片的河、水、雨、芦苇，农村特有的庄稼、牲畜，村人的质朴、明净，共同赋予了曹文轩小说独有的唯美风格。与此同时，唯美风光伴随着自然灾难和贫穷，又为作品平添一份忧郁而感伤的情感氛围。

二、《小说门》与小说创作——文学创作与个体体验的深度融合

《小说门》对故事、个人经验、风景等的专章分析与作者在创作实践中重视故事情节、童年记忆、风景描写高度一致。

1. 油麻地的故事

“小说是最佳的书写个人经验的文体。”[132] 曹文轩的每部文学作品都是一个故事，而几乎每个故事都与油麻地有关，那是以作者家乡为原型的地方。

油麻地是江南水乡的一个乡镇，大麦地是其中的一个村，稻香渡是其中的一个码头。油麻地的风光清新自然，有牛、狗、羊、鸭、鸟，雨、水、河，野花、槐树、芦苇；油麻地的人朴实善良、勤劳坚韧。

油麻地的故事大多与作者的童年记忆有关。《草房子》《红瓦》《黑瓦》《细米》与“我”小学、中学时的童年趣事及所见所闻有关。其中，林冰、桑桑、细米都有“我”的影子，谢百三、赵一亮、秃鹤、乔桉等都有儿时同伴的影子，白雀与蒋一轮唯美的爱恋讲述记忆中老师的爱情故事；《细米》讲述女知青来到油麻地的故事；《天瓢》讲述油麻地小镇上的权力与情欲风云；《我的儿子皮卡》主要讲述“我”的儿子皮卡在油麻地的故事；《青铜葵花》讲述城里女孩葵花来到大麦地青铜一家的故事；《丁丁当当》讲述油麻地傻子兄弟走失，寻找对方的故事。

油麻地既是曹文轩对家乡童年生活的美好追忆，又是展现美好人性的桃

花源。美好的另一面是自然灾难带来的破坏和贫穷。雨、水、芦苇荡赋予油麻地诗一般的美景，也带来了水灾、溺水、崩排、火灾等破坏。油麻地凭借特有的自然风光和一幕幕或喜或悲的故事，承载着相伴相生的美好与苦难、希望与失望，营造出既温暖又伤感的艺术情调。可以说，油麻地是曹文轩取之不尽的创作来源，也是其构建生存之地的美学象征。

2. 儿童视角

曹文轩认为，作家应向儿童学习他们纯洁、富有想象力、精神上无拘无束的品质，主张儿童文学应关注形而上的存在。从个人情感体验来讲，曹文轩执着于纯美的童年记忆；从个人职业身份来讲，他具有学者、作家对崇高情感、意义和美感的追求，这些因素促使曹文轩最终选择了儿童视角。儿童视角的纯净使油麻地的美好变得合乎情理，在儿童无拘无束的世界中，油麻地单纯、明净。大自然的一切充满新鲜和活力，树、雨、水、芦苇是他们的玩伴，鸽子、鸟、牛、狗、鸭是他们亲密的朋友。亲人呵护他们，同学、老师、村人关爱他们。

儿童的视角、诗意般的油麻地，成长的苦难都统一在曹文轩对文学艺术性的追求层面。从风景如画、人性本善的油麻地可以看出作者对审美价值的重视。油麻地的美景与自然灾难、儿童成长的快乐与苦难、村人的贫穷与坚韧都象征着作者对文学的意义——生存的终极思考。

三、艺术性追求的变化

审美艺术性是曹文轩创作30余年一贯坚持的美学追求，诗意、美好、和谐、真诚、善良，童年、成长、苦难都是诠释其文学作品的关键词。而作为当代学院作家，曹文轩的创作并非一成不变，而是随着其学术研究领域的扩大与深入，对艺术性内涵的理解与实践有所侧重和变化。

1. 从故事走向隐喻

曹文轩多次提及文学与哲学的关系，自称具有丰富的哲学知识，“在我的全部知识中，哲学达到了控股的份额。”[133] 他认为，文学应厌弃实用主义，对存在进行终极追问，走向形而上。文学的性质之一便是：它永远思考着一些人类关心的永恒问题。[134] 曹文轩的专著《第二世界》即是对文学艺术的哲学解释，其文学作品的隐喻性特征是作者对文学形而上意义的探索与实践。与此相对应，曹文轩也一直重视作品的隐喻特征。曹文轩创作于1991年的《山羊不吃天堂草》以宁愿饿死也不吃天堂草的山羊来隐喻明子等人贫穷但善良淳朴的本性，1999年的《根鸟》则完全是一部预设主题的隐喻小说，故事情节虚化，采用“离乡—流浪—还乡”的典型结构。

将曹文轩的文学作品进行粗略的划分，《没有角的牛》《甜橙树》《古老的围墙》《红瓦》《草房子》《细米》《天瓢》等创作于2005年之前的作品，江南水乡的童年故事是其最鲜明的特色，美丽的自然风光和不可控的自然灾难、成长的快乐与苦恼、儿童视角的亲情、友情、师生情是故事情节着意描述的重点。2005年以后出版的作品《青铜葵花》《大王书》《我的儿子皮卡》《丁丁当当》《枫林渡》等作品的故事情节虚化更加明显，隐喻性特征更加突出。如青铜与葵花关于性格、气质、命运、艺术、成长、生存的多重隐喻，葵花“离乡——还乡”的文学母题；《大王书》故事情节的幻化，光明与黑暗、正义与邪恶主题的预设；《丁丁当当》人物关系、情节更趋于简单化，惯常的“离乡—流浪—还乡”结构，作者笔下的人物与环境几乎总是趋于和谐的，紧张的情节张力不是作者的着力点，而故事背后人性的至善至美却成为作者极力表达的重点。

2. 从童年记忆走向现代都市

曹文轩关于江南水乡的童年记忆可以概括他的大部分文学作品。而随着人生经历与情感体验的更加丰富，除了一贯的童年记忆和江南水乡外，其创作视域变得更加广阔，渐渐从童年记忆看向现代都市。

如果说《细米》《青铜葵花》中出现的城市只是对应乡村的一个词语，那么后来的《大王书》《我的儿子皮卡》《丁丁当当》《枫林渡》中的城市则有了具体的形象。《大王书》仍以乡村少年的正义善良之战作为小说的主线，而城市有了隐约的影子：食金兽、黄金的气味、黑色的魂灵等，其幻化的故事情节也与现代都市的科幻小说、网络游戏有相似之处；在《我的儿子皮卡》中，皮卡辗转于乡村与城市之间，以儿童的视角展现出面对乡村与城市的不同情感体验；在《丁丁当当》中，丁丁和当当离开乡村，一路遭遇跳蚤剧团、草根街、黑矿、画家村和落魄的画家，他们用乡村人特有的善良淳朴在帮助自己的同时也帮助了具有城市元素的他人。

如果把曹文轩的小说比作一幅画，画的底色为贫穷而美好的田园乡村，而城市作为乡村的对应和点缀存在，大多以对立面的形象出现，如蚂蚁象作为城市人的空虚、颓废，黑矿矿主的市侩、凶狠等。当然，作者笔下的城市只是隐约的轮廓，远没有江南水乡贴近生命般的丰富情感体验。

第三节　艺术性的极致抒写——《青铜葵花》

《青铜葵花》于2005年出版，曾获第十届全国精神文明建设“五个一工程”奖、首届中国出版政府奖、中国作家协会第七届优秀儿童文学奖。文学艺术性的追求是《青铜葵花》的突出特点，小说的语言、风景、结构、主题则体现了作者一贯的审美取向。

一、美的艺术隐喻

小说篇名为“青铜葵花”，既是葵花爸爸雕塑的艺术作品、两个小孩的名字，更是作者关于成长和生存的隐喻。

1. 艺术品。“作为雕塑家的爸爸，他一生中最成功的作品就是葵花——用青铜制作的葵花。爸爸觉得，呈现葵花最好材料就是青铜。它永远闪耀着清冷而古朴的光泽，给人无限的深意。暖调的葵花与冷调的青铜结合在一起，气韵简直无穷。一片生机，却又是一片肃穆。”[135]“爸爸”的艺术品位和对青铜、葵花的深刻理解成就了他的艺术事业。曹文轩在小说的前两章交代“爸爸”对青铜葵花的热爱，既为葵花成为孤儿做了铺垫，也暗示了青铜和葵花两个不同生命特质的相遇将谱写华美的艺术篇章。

2. 青铜与葵花——两种生命特质

“爸爸”一生钟爱葵花，于是为女儿取名葵花，对艺术的热爱、对女儿的疼爱与期望融为一体。葵花在有爱的环境中成长，像“爸爸”期望的那样，如向日葵一般向着阳光努力生长，带给人温暖。即使葵花成为孤儿寄人篱下、面临饥饿和贫困，但她仍然是善良、乐观、善解人意的女孩。

青铜坚硬光亮、沉郁神秘。小说中的青铜是个哑巴，“聪明绝顶”“行为十分古怪”，青铜拥有自己独立的精神世界，他不与其他小孩子玩，只专注大自然中的花鸟虫树和动物，并与它们心灵相通。

来自城市的葵花如向日葵般阳光烂漫，象征着乐观的精神、温暖的气质。长在大麦地的青铜像金属般坚不可摧，象征着坚韧的精神、清冷的气质。

3. 成长的隐喻

青铜与葵花是关于成长的寓言，象征成长历程中相伴相生的两面：快乐与苦难。大麦地美丽的水乡风光、广阔的田地、农家的牲畜动物、家人的关爱伴随着他们快乐的成长，与此同时苦难也围绕着他们。两人都遭遇过人生中的大不幸，青铜成了哑巴，葵花失去了父母，两人都很孤独，不仅如此，他们还遭遇了贫穷、水灾和蝗灾。贫穷的青铜和葵花只能一个人上学，葵花表演时没有项链、晚上没有灯光做作业；水灾冲毁了他们唯一的住所，他们无家可归；蝗灾破坏了他们赖以生活的庄稼，他们不得不忍受饥饿。

乐观、关爱与坚韧是苦难最好的救赎，阳光的葵花与清冷的青铜相遇，一切苦难都迎刃而解了。青铜放弃上学的机会让葵花上学，冒雪卖芦花鞋为葵花攒钱照相，制作冰项链帮助葵花表演节目，捉萤火虫为葵花照明写作业，而葵花也是一个勤劳聪慧、善解人意的好女孩，给家人带来了无限的温暖。

4. 生存的隐喻

成长如此，人生亦是如此。大麦地这片土地不仅给予了大麦地人如诗画般的田园风光，也带给了他们无数的灾难：火灾、水灾以及伴随着灾难随之而来的贫穷、饥饿。他们因贫穷饥饿，或失去亲人，或遭遇疾病，或变得一无所有，但他们历经苦难却依然乐观而坚韧地生存着。即使没有钱上学和治病、没有房子居住，但青铜的奶奶总是慈爱地看着青铜和葵花，青铜的爸爸妈妈总是勤劳耕作，青铜一家总是欢声笑语。

在曹文轩看来，不管时代如何变迁，苦难都是人生中的必然和必需品，因为我们只有在苦难中才能学会成长和发现生活的美好。存在即是快乐和艰辛，开心的时候享受快乐，苦难的时候用关爱之心、坚韧之态迎接苦难，这样才会变得更加美好和强大。

二、风景、结构营造的审美意境

《青铜葵花》共九章，成环形结构，从葵花由城市来到大麦地写起，离开油麻地回到城市结束。每章以大麦地特有的某一事物为标题，如小木船、葵花田、老槐树、芦花鞋、金茅草、冰项链、三月蝗、纸灯笼、大草垛，围绕该事物讲述青铜与葵花的故事。青铜和葵花既作为故事的主人公也作为艺术品贯穿小说始终。“爸爸”是“青铜葵花”的作者，因为钟爱葵花为女儿取同名，因画葵花而失去生命；孤女葵花与哑巴少年青铜相遇相识、相亲相爱；由于艺术品“青铜葵花”的魅力，葵花在市领导的授意下回到了城市。

《青铜葵花》的风景描写细腻别致，透过儿童眼中的自然营造出诗画般的意境和情调。一是人与自然的和谐氛围、温暖而明亮的色调，表现出童真童趣的快乐气息，如“起风了，芦苇荡好像忽然变成了战场，成千上万的武士，挥舞着绿色的长剑，在天空下有板有眼地劈杀起来，四下里发出沙啦沙啦的声音”[136]“上课铃一响，就像一大趟儿鱼本在水面上戏耍的，突然受到惊动，四下散去，一会儿，就只有一个寂静的池塘在那里，倒映着天空的浮云”[137]。二是感伤的情调。青铜因为没有钱给葵花照相而惆怅，“天上有一轮清淡的月亮。粥很稀，月亮在碗里寂寞地晃荡着”[138]，青铜因为葵花的离开而一蹶不振，“阳光在他的眼前像漩涡一般旋转着。大河在沸腾，并冒着金色的热气。村庄、树木、风车、船与路上的行人，好像在梦幻里，虚虚实实，摇摇摆摆，又好像在一个通天的雨帘背后，形状不定”[139]。

全书结构的匠心独运、细腻别致的景物描写、人性善美的极致抒写，共同营造出美好、温暖而又感伤的艺术情调，传达出积极的令人感动的精神力量。油麻地美丽的自然风光与不可控的自然灾难，儿童眼中的美好与人生的苦难，皆传达出关于成长、生存的哲学意蕴。

在当代学院作家中，曹文轩对艺术性的坚守和探索比较突出，其表现在重视文学作品的审美价值上，同时在语言的运用、意境的营造、善与义的弘扬方面也做出了积极的尝试并取得了较好的成绩。

曹文轩和格非同为当代学院作家，且都执着于文学艺术的探索和实践，但两者对艺术的追求却不同。曹文轩的艺术探索重在关注艺术审美价值，着意通过语言、情节、结构等营造人与人之间、人与环境之间美好和谐的意境。格非的艺术探索重在叙事技巧，通过叙述结构、叙事策略的尝试表达个体存在、个体与环境之间紧张、焦虑的状态。有趣的是，两人的艺术探索后期有一些相似的审美趋向。曹文轩后期的作品除了坚守一贯的美学主张外，更加注重作品的隐喻特征。格非后期除却惯用的叙事策略，更加注重作品的诗性特征和整体隐喻特征。

第十章　当代学院作家创作的哲理沉思（一）

——以周国平为例

周国平1945年出生于上海，1968年毕业于北京大学哲学系，1978年考入中国社会科学院研究生院，先后获得硕士、博士学位，1981年进入中国社会科学院任职。周国平以哲学研究为业，以散文创作闻名，鲜明的哲学思考是周国平创作的重要特征。

第一节　个人经历：与哲学的缘起

在《岁月与性情》中，周国平自述从小性格安静、青少年时期性格内向甚至孤僻、敏感、忧郁、怕羞。“主观和客观的情形都使我更加专注于内心”“我从写日记得到的最大好处就是形成了一个内心生活的空间，一种与一个更高的自我对话的习惯”[140]“我的智力素质显然是长于思考和理解，短于观察和记忆。就写作文而言，我也是长于说理和言情，短于叙事”[141]。大学期间，周国平在适逢教条的课程和高度政治化的环境中下放到农村很长时间；毕业后在湖南洞庭湖农场，广西资源县锻炼、工作十年，其间寂寞、苦闷、迷惘。从周国平的人生经历可以看出，内倾的性格气质自小形成，后又因曲折的人生境遇使他更专注于自己内心的思考。“日记”是周国平人生中的关键词之一，是他抒写细腻情怀和所思所想的重要载体，也为他成为一名散文家奠定了语言表达的基础。

周国平真正与哲学相遇是在北京大学哲学系读书期间。较普通作家而言，周国平作为哲学领域的学者，既对宏观的哲学理论有更广泛深入的了解，又易对微观现象进行哲学思考。

周国平的学术研究成果大致分为两大部分：一是尼采研究：出版专著《尼采：在世纪的转折点上》《尼采与形而上学》；译著《悲剧的诞生：尼采美学文选》《尼采诗集》《偶像的黄昏》《希腊悲剧时代的哲学》等。二是西方哲学研究：出版译著《谢林传》及关于研究苏联哲学的一些论文。其中，关于尼采的研究和译著具有较大的影响。

“人性”是周国平学术研究的关键词。周国平在硕士研究生期间主攻苏联哲学，强烈的政治意识形态使他转向人性研究，其硕士毕业论文即为《人性的哲学探讨》。此时，尼采已为学界引入，但由于时代环境尤其是意识形态的制约，尼采著述关于人性的观点并不为学界广泛肯定。耽于内心而游走政治边缘的周国平恰在此时遇到尼采，当即满怀热情地写下了极具个人感性认识的专著《尼采：在世纪的转折点上》。周国平的作品对尼采关于人的论述大致可分以下几点：1. 尼采在西方传统价值崩溃、现代人失去精神家园时，提出人的自由、人性的开放性和无限可能性。2. 尼采肯定个人至上，自我实现，包括人的自我超越性、自由、创造性等。3. 尼采确立生命为最高价值，批判科学对生命本能的破坏，以审美的人生态度取代科学和伦理的人生态度。在一定程度上可以说，周国平论述的尼采关于人性的观点也是他自己的观点，他在哲学方面的研究主要为尼采等前人著述的个人阐释，因阐释与当下时代精神需求不谋而合而产生了广泛的影响。

总体而言，周国平自小性格内倾、热爱文学、耽于思考，惯常写以日记记录所感所思，后学习哲学并以哲学研究为业。这些人生经历使他与哲学、文学结下不解之缘。文学、哲学也因此成为他学术研究和文学创作的两面，文学的哲学化、哲学的文学化是他创作的显要特征。

第二节　文学创作：诗化的哲学与哲学化的诗

周国平 1988 年出版《人与永恒》，1991 年出版《忧伤的情欲》，之后相继出版《守望的距离》《各自的朝圣路》《安静》《善良丰富高贵》《妞妞：一个父亲的札记》《岁月与性情》《偶尔远行》《宝贝，宝贝》《风中的纸屑》《碎句与短章》《把心安顿好》，以及《人生哲思录》《周国平人文讲演录》等。此外，周国平还出版文集若干，较多作品被翻译成各国文字流传。

从内容上讲，周国平的文学作品主要可分为以下几类：1. 关于人生的哲学，包括人生经历引发的人生意义、精神世界的思考。如对生命价值进行哲学追问，在哲学层面上思考死亡、孤独、自我、性与爱、婚姻、爱情、家庭；关注现代人精神生活的困境，关注心灵、苦难、灵魂与超越等。2. 读书随感，哲学思想的通俗表达。《智慧的诞生》即是关于希腊哲学家赫拉克利特、苏格拉底、第欧根尼及其哲学思想的思考。3. 传记类作品。《妞妞：一个父亲的札记》《岁月与性情》《宝贝，宝贝》即是个人经历、情感体验的抒写。4. 对社会热点现象或事件的思考。《电脑：现代文明的陷阱?》《我反对克隆人》《关于绿色文明的访谈》《人是地球的客人》《现代技术的危险何在》《“天人合一”与生态学》《医学的人文品格》即是关于教育、人情、科技发展等的思考。

从形式来看，周国平的文学创作主要包括散文、诗歌和介于散文、诗歌之间的散文诗。《忧伤的情欲》为诗集，其余为散文。散文的形式较多，除一般的散文集外，还有格言体散文《善良丰富高贵》《把心安顿好》，传记类散文《妞妞：一个父亲的札记》《岁月与性情》《宝贝，宝贝》，以及大量的序文和随笔。

一、周国平学术研究与文学创作的关联

1. 哲学研究与创作风格

周国平作为从事哲学研究的作家，从主观方面讲，以哲学为业的作者会有意无意在文学创作中留下哲学的痕迹。他曾明确提及，“作家不要用哲学的语汇，但必须要有哲学的观照，要有一定的哲学底蕴。”[142] 从客观方面讲，散文内容和形式受哲学研究的影响。

哲学研究的思维方式影响了周国平文学创作的风格。哲学研究重视独立的思考、缜密的理性思维，探讨形而上的意义，这使他的散文总体上具有清晰的逻辑、思辨的意味、理性的色彩。如“俏皮话机智，大实话中肯。好的格言既机智，又中肯，是俏皮的大实话”[143] “天才不走运会成为庸人，庸人再走运也成不了天才”“天才往往有点疯，但疯子不等于是天才。自命天才的人老在这一点上发生误解”[144]。

哲学研究的对象影响了周国平文学创作的内容。其一，对人生现象进行哲学思考。探讨孤独、死亡、人生的意义，对惯常的生活形式如婚姻、家庭、爱情、女性、性爱等进行理性分析。其二，较多内容为哲学知识的通俗介绍或关于哲学家、哲学故事的随想随感，如《守望的距离》一书中《海德格尔的死亡观》《哲学世界的闲人》《人生贵在行胸臆》《哲人隐语》《孔子的洒脱》《寻求智慧的人生》《康德、胡塞尔和职称》。其余的散文著作如《各自的朝圣路》《善良丰富高贵》中也有大量与哲学有关的内容。

哲学研究的表达方式影响了周国平文学创作的语言风格。一般而言，与思维方式一致，哲学研究的语言严谨缜密。《人与永恒》《把心安顿好》多为简短的格言警句，如“有三种婚姻：1. 以幻想和激情为基础的艺术型婚姻；2. 以欺骗和容忍为基础的魔术型婚姻；3. 以经验和方法为基础的技术型婚姻。就稳固程度而论，技术型最上，魔术型居中，艺术型最下”[145] “人皆有弱点，有弱点才是真实的人性。那种自己认为没有弱点的人，一定是浅薄的人。那种众人认为没有弱点的人，多半是虚伪的人”[146]。

周国平作品的风格也受一些哲学家的影响。他偏爱“长于灵感而拙于体

系”，如尼采、爱默生。“我相信哲学与随感录早已结下不解之缘，最早的哲学思考都是直觉和顿悟式的，由之形成的作品必是格言和语录体的。……我始终偏爱用随感录形式写作的哲学家，例如法国的蒙田、帕斯卡尔、拉罗福科，英国的培根，德国的叔本华、尼采。”[147] 因此，其作品以散文为主，大都为随感。

2. 尼采研究与“人”的抒写

如前所述，尼采关于“人”的观点，既是周国平研究尼采的学术成果，也可看作他关于“人”的思考与尼采的不谋而合。周国平在散文创作中表达的哲学思考大多缘于此，大致可分为三类，例文不胜枚举。1. 个体价值方面，肯定人的自由权利、创造性，重视精神世界的丰富性。如肯定袁中郎独抒性灵不拘格套，罗素寻求智慧的人生，康德、胡塞尔追求精神创造的成功，“每个人都是一个宇宙，每个人的天性中都蕴藏着大自然赋予的创造力”[148] “人生最值得追求的东西，一是优秀，二是幸福，而这二者都离不开智慧”[149]。2. 关于人与人之间，如爱情、友情、婚姻、性爱等，周国平本着生命价值至上原则发表了许多观点。“爱的价值在于它自身，而不在于它的结果”[150] “一个男人真正需要的只是自然和女人。其余的一切，诸如功名之类，都是奢侈品”[151]。3. 人与社会方面，周国平接受了尼采的观点，认为现代文明导致生命本能的衰退，精神变得颓废，精神生活贫乏，人们变得鄙俗。文化市侩、现代大机器生产和强迫分工、现代教育扼杀本能和个性。这类观点散见于《科学与人文》《向教育争自由》《让教育回归人性》《把我们自己娱乐死？》。

文学与哲学的历史渊源由来已久，自古文史哲不分家。随着现代学科的细分，文学与哲学虽明确了各自的研究对象，但也难以泾渭分明。中外历史上伟大的文学家如列夫·托尔斯泰、卡夫卡、博尔赫斯、米兰·昆德拉、鲁迅等作家无一不在文学创作中追问人、世界的存在本质和意义，他们通过文学作品探讨哲学并达到一定的高度。与大多数作家以作家身份赋予文学作品丰富深刻的哲学意蕴相反，周国平首先是一名哲学研究者，他凭借文学的形式将哲学通俗化、生活化。20 世纪 80 年代后期，极端政治意识形态的时代渐渐远去，商业文化开始侵蚀人的精神世界，中国人面临新的精神危机：个人应如何在商业社会自处?周国平以哲学家的身份,带着尼采的“人”说,向现代中国人指明了一条通往理想的道路。适应文学创作当下中国人的精神需求,是周国平的作品在 20 世纪末期广泛流传的重要原因。

二、从诗化的哲学到哲学化的诗

从出版著述的时间看,自 1986 年出版关于尼采研究著作(或译著)起,周国平的创作已有 30 年。从《尼采:在世纪的转折点上》《人与永恒》《尼采与形而上学》《谢林传》《忧伤的情欲》《理性边缘的哲学——尼采论哲学之源》《希腊悲剧时代的哲学》至 1996 年出版《守望的距离》《妞妞:一个父亲的札记》,这个阶段哲学理论居多,尼采研究成为他在学术界的重要成果。该时期的文学作品《人与永恒》《守望的距离》也以人生的哲学思考为主要内容。

1996 年之后相继出版新作《各自的朝圣路》《安静》《岁月与性情》《善良 丰富高贵》《把心安顿好》《宝贝,宝贝》,同时各种选集或随笔集不断再版。这段时期的新作相较之前的创作,哲学研究让位于文学创作,理性的哲学思考逐步融入文学作品的解读、哲人思想的解读、社会现象的评断中。从 1996 年之后的散文集可以看出,读书的心得体会、个人经历的抒写、各种讲座的发言及文章的序言、对社会事件的思考占据了相当篇幅。

纵观周国平 30 年的创作,哲学思考贯穿始终,由显而隐,从理性走向感性,从纯粹走向丰富,从形而上走向当下生活。以《妞妞:一个父亲的札记》为界,可以将其作品粗略地分为前期和后期,前期的文学作品以鲜明的哲学思考闻名,可谓“诗化的哲学”;后期创作虽屡遭诟病,但总体而言除延续之前的哲学思考外,更加注重散文的本体性,如情感、语言、内容的丰富性等,所谓“哲学化的诗”。

“我在哲学上的趣味大约是受文学熏陶而形成的。文学与人生有不解之缘,看重人的命运、个性和主观心境,我就在哲学中寻找类似的东西。”[152] 周国平自小热爱读书,大学时期热衷文学阅读了大量文学作品,并坚持写诗习文。历经 10 余年的创作,哲学思考贯穿始终而形式也更加多元化。

其一，在细腻情感中呈现哲思。与早期《忧伤的情欲》《人与永恒》《守望的距离》的鲜明理性相比，后期散文尤其是纪实性散文《妞妞：一个父亲的札记》《岁月与性情》《宝贝，宝贝》将哲学思考融入事件或人物内心，表现丰富的情感如人生旅途中的进取与抗争、苦闷与迷惘、快乐和幸福，将父女之爱、朋友之爱、夫妻之爱描写得如此细腻婉转。

其二，在丰富的内容中呈现哲思。前期以人生的哲学思考为主，如《人与永恒》《守望的距离》的主题为存在、死亡、智慧、追求等，以及少量的读书心得、社会事件评述。而在后期创作中，《妞妞：一个父亲的札记》等三部纪实性作品叙述了大量生动感人的事件；《安静》直接描写哲学思考的篇幅大量减少，而是通过大量读书心得、序文、会议或采访发言、旅行游记、演讲辑录等方式呈现出来的。

其三，在当下呈现哲思。前期以哲学思考为主的散文往往抽象而凌驾于时空之上，后期散文创作更贴近当下具体的社会生活。《善良丰富高贵》中《有灵魂的写作者》《哲学家的思和艺术家的看》《自序·访谈杂记》三章即为各类文章序、各类媒体的采访或演讲发言；《让教育回归人性》《把我们自己娱乐死?》《批评空间》是对当下社会热点的回应，如对民间探险、祭孔、城市化、网络暴力、重走“玄奘之路”的批判性思考。

第三节　格言体的哲思随笔——《把心安顿好》

《把心安顿好》是周国平 2006—2010 年间的随笔集，这部随笔既能体现周国平散文哲学思考的独特性，也能反映出其散文后期创作的特点。

一、哲思的通俗化与当下性

周国平是哲学研究者，其学术研究成果是对哲学理论的思考，而文学创作更多是对当下现实生活的哲学思考，他通过文学形式表达哲学。如果说小说家主要通过故事表现哲学，那么周国平就是通过散文表达哲学，前者深入浅出，后者浅入深出。

1. 哲思的通俗化（生活化）

对人生、孤独、死亡，对爱情、婚姻、性爱的哲学思考，是周国平散文的重要内容，也是其哲学研究在现实生活中的延伸，即将哲学通俗化或生活化的过程。尼采关于“人”的哲学极具现实主义和浪漫主义情怀，周国平显然受到他的影响。现实性是指他对现世生活的具体观照，浪漫情怀是指他对精神世界的精英立场和审美态度。

《把心安顿好》中的随笔大致分为三部分内容：一是延续对人生意义的思考，如《价值观》《平凡生活》《内在生活精神与物质》《诗意地栖居》等，作者宣扬生命的重要意义，人生应坦然面对人性，追求心灵的美好、精神的充实，如“所谓优秀，是在人性的意义上说的……即善良的生命、丰富的心灵、自由的头脑、高贵的灵魂”[153] “在我看来，一个人若能做自己喜欢做的事，并且靠这养活自己，同时能和自己喜欢的人在一起，并且使他们感到快乐，即可称幸福”[154]。二是关于精神状态的思考。在商业文明发达今天，我们应注重精神世界的丰富，抵御过分的物欲，诗意而快乐地栖居大地，如“人在多大程度上不依赖于物质的东西，就在多大程度上是自由的”[155]。三是关于爱情、性爱、婚姻、家庭、教育、育儿、学术的看法。如《小爱与大爱》《爱情的质量》《两性之间》《迎来小生命》《父母怎样爱孩子》《孩子的天性》《幼儿和哲学》《儿童教育》。作者关于教育的观点也是基于尊重生命价值而言的，他强调教育即生长，应该以人性健康、独立思考、判断能力、快乐、自主为原则。四是关于文化、哲学、写作的思考，如《艺术和创造》《哲学的用处》《如何走近哲学》《东西方文化》《中国人缺少什么》等。

周国平散文的内容即是他对现实生活的哲学思考，他的理论源自哲学尤其是其研究的主要对象：尼采关于“人”的哲学。他强调人自身的生命价值，认为精神的丰富远比物质的丰富重要；面对人生的种种幸运或不幸，应该积极乐观地面对，即审美的人生态度（酒神精神）。当然，尼采哲学并未完全为周国平所用，他取所需。这本写于他创作后期的散文，相较于 20 世纪 80 年代的散文，尼采哲学中的“主人”精神，关于生命自我超越的意志力、创造性、对人类未来的爱等逐渐淡化，而更加关注精神世界的丰富性、本真的人生态度等。

2. 哲思的当下性

周国平将哲学通俗化的过程与当下生活密不可分。纵观他近30年的文学创作，越到后期的散文对当下的关注越深切。首先，周国平关于人生的哲学思考置于当下中国人面临精神危机的背景，强调个体的价值、呼吁精神世界的构建，对婚姻、爱情、性爱、家庭的观点都是基于该背景下的思考。也正是这种当下性使其散文具有较大的影响力。其次，《把心安顿好》将这种当下性发挥得更加淋漓尽致，它更具体地谈到了作品创作当时的社会热点，教育问题：《迎来小生命》《父母怎样爱孩子》《孩子的天性》《幼儿和哲学》《儿童教育》《教育即生长》《教师的人格》《问责今日教育》，还谈及了信仰、学术独立、东西方文化差异等问题：《信仰的核心》《东西方文化》《中国人缺少什么》《学术的独立》。最后，《小时评》一文几乎谈及了时下大部分的社会热点：养生、富豪做慈善事业、幼儿园教育、中国的基尼指数、文物和自然的破坏、弃婴、贪官、城市化进程、医生的职业道德等等。

二、哲思的文学载体——格言体

格言体是周国平散文的重大尝试。《人与永恒》《碎句与短章》《把心安顿好》都是短小精练的格言体形式。这既与作者的写作习惯有关，也与哲学从业人员的思维方式有关。如前所述，作者从小就有写日记的习惯，而所写内容大多就是所思所想。大学期间，忙碌的学生运动和学习生活以及同学的影响，作者更加习惯将自己的思考记录在册，“当时我写得最勤奋的也是感受和思绪的即兴记录，即所谓随感”[156]。后来，他以哲学研究为业，偏爱写随想录，同时哲学研究所需的严谨思维方式和表达方式在一定程度上与他的随感录写作习惯相契合，或者说哲学研究的思维方式和表达方式使他的随感变得更加理性。周国平也曾提及，早期发表的作品大多是他平时记录下来的随感。

语言简短精练，意义丰富深刻是格言体最基本的特点。《把心安顿好》中的格言体主要具有以下特点：1. 逻辑性强。语句之间、段落之间有清晰的逻辑，主要运用演绎、归纳、推理、假设等关系联结篇章。文中多表逻辑关系的连接词，“为什么这样说呢？首先是因为……一是……，二是……。相反……因此……。其次，……。因此……。”如归纳推理，“人世间的争夺大多是争夺物质，而物质能保证生存就足够；对精神财富的追求不存在冲突，一个人的富有绝不会导致另一个人的贫穷。因此，人世间的东西有一半不值得争，一半不需争”[157]。演绎推理，“所谓智慧的人生，就是要在执着与超脱之间求得一个平衡。有超脱的一面，看到人生的界限，和人生有距离，反而更能看清楚人生中什么东西真正有价值”[158]。假设推理，“假如死于那次车祸的人是我，会怎么样呢”“路上迎面遇见一个女子，你怦然心动，她走过去了，你随即就忘记了她，也忘记了你刚才的怦然心动”[159]。2. 对话式结构。作者像朋友或哲人一样对读者循循善诱，其中“我”“你”是文中惯用的人称代词，还有“我相信”“我发现”“我认为”“我曾经无数次地想”“在我看来”“我怀疑”“那人对你做了一件不义的事，你为此痛苦了”“人生难免遭遇危机，能主动应对当然好，若不能，就忍受它，等待它过去吧”，等等[160]。除了作者与读者的对话，还有作者的自问自答。如“怎么办”“什么是爱情？爱情就是欲望罩上了一层温情脉脉的面纱”“问：……？答：……”“世界上特立独行的人为什么这么少？原因有二……”，等等。对话的形式是格言体散文的一种写作策略，避免一味地理性推理带来内容说教、结构单调的乏味之感。3. 文学性。周国平并非简单地将哲学思考表达出来，而是运用文学艺术手法赋予作品一定的文学性。下面以《诗意地栖居》为例：

人，栖居在大地上，来自泥土，也归于泥土，大地是人的永恒家园。如果有一种装置把人与大地隔绝开来，切断了人的来路和归宿，这样的装置无论多么奢华，算是什么家园呢？

人，栖居在天空下，仰望苍穹，因惊奇而探究宇宙之奥秘，因敬畏而感悟造物之伟大，于是有科学和信仰，此人所以为万物之灵。如果高楼蔽天，俗务缠身，人不再仰望苍穹，这样的人无论多少有钱，算是什

么万物之灵呢？”[161]

如果用哲学语言表达作者的观点，大意是人与万物都为自然界而存在，人和自然应和谐相处。作者运用比喻、排比、反问的修辞手法将观点融入画面的描述中：人栖居大地、仰望苍穹与高楼耸立、俗务缠身，大地的辽阔、仰望苍穹的自由惬意与高楼的局促、俗务缠身的拘束窘迫形成鲜明的对比，其义自明。语言的选择也颇有诗意：“栖居”而不是生存或居住，“家园”而不是家或居所，“万物之灵”而不是高级动物或社会主体。总之，修辞手法的运用、语言的精心选择、结构的精巧，使文章具有画面、音乐、意义的艺术美感。

格言体不是周国平的首创，中西方古典著作中比比皆是，如周国平提到的蒙田、帕斯卡尔、叔本华、尼采等的随感录，中国的四书五经，等等。选择这种文体的作者大多也是哲学家。可以说，周国平擅写格言体散文，与哲学学者的身份密不可分。

第十一章　当代学院作家创作的哲理沉思（二）

——以金岱为例

在当代的学院作家中，金岱将人文知识分子的历史使命感、学者的理性探索、作家的艺术表达融于一体，其学术研究、文学创作以及思想随笔整体上呈现较强的哲学意味。突出表现在他不仅对生存意义进行形而上的思考，而且着意凭借文学创作与学术研究建构完整的意义系统。全球化背景下中国社会经济转型时期的文化现代性建构，或表述为中国现代性建构中的文化现代性建构，是这个系统当下要解决的问题，其间包括知识分子精神、大众文化定位以及建构的内容、方法论等问题。金岱提出的文学生存本体论与其哲学心态小说实践相互映照，探讨了知识分子在文化现代性进程中的自审与救赎。他在对文化理论以及大众文化现象进行较深入的研究之后，多维度地探索了“当下中国问题的文化进路”即文化现代性的建构问题，包括中国现代性建构的主要矛盾、指标、战略、方法论等，形成了较完整的系统。至此，对于中国文化现代性的建构问题，从宏观的理论至微观的生存个体观照，从文学视角到文化视野，从早期的“重建精神规则”到“文化现代化：作为普世性的生活方式现代化”，呈现较清晰完整的建构思路。

第一节　金岱的学术研究与哲学沉思

金岱，1953年出生，江西南昌人，我国当代著名作家胡旷之子。金岱及其父亲胡旷皆为学院作家，这在我国当代文坛十分鲜见，别有意义。

金岱1982年毕业于江西大学（现南昌大学）中文系，后留校任教。1991年调任广州，为华南师范大学教授、博士生导师。著有长篇小说“精神隧道三部曲”——《侏儒》《晕眩》《心界》、报告文学《成功启示录》、短篇小说集《雨夹雪》、思想随笔和学术著作《“右手”与“左手”》《千年之门》《如此世界：转型选择与再启蒙》《世纪之交：长篇小说与文化解读》《城市：作为符号与表征—文化现代化视域中的文化广州论》。其中，短篇小说《雨夹雪》获全国“五四青年文学奖”，长篇小说《侏儒》获江西省首届谷雨文学奖，“精神隧道三部曲”获广东省第七届“鲁迅文艺奖”。

“我最关心的是文明进程问题。”[162] 我国经济文化转型时期的文化建构一直是金岱关注的重点。具体而言，其学术研究大致分为三个方面：文学的生存本体论、知识分子精神营建、中国文化的现代性建构。三方面互有关联，不能截然相分，金岱对于文学的学术见解和知识分子精神的期许都统一在中国文化现代性建构中。从学术成果发表出版的时间来看，2000年之前侧重文学作为生存本体论和知识分子精神的研究，可谓对文学的文化研究；2000年之后，扩展为对社会文化的文化理论研究，侧重中国现代性问题的理论建构。

一、关于文学：“意义的先锋”和“文学作为生存本体的言说”

作为文学专业的学者，金岱密切关注文坛动态、积极参与推动文学思潮的发展，他站在推进文明进程的高度，对文学的本体、文学的发展进程、文学的使命进行了哲学意义上的思考，并提出了较为系统的理论。

20世纪80年代，西方文论涌入中国，中国文学界掀起方法论的热潮，关于“形式的先锋”的作品席卷文坛。20 世纪 90 年代商业文化语境和文学的“去政治化”等众多因素使文学逐渐走向边缘，同时新写实小说、女性小说、新生代小说或纯粹写实或形式的先锋实践都在一定程度上消解了文学的意义。金岱在 20 世纪 90 年代对“形式的先锋”进行了反思，并提出了文学应作为“意义的先锋”。其学术随笔《文学的选择》《热点文学与反思笔记》《勘探生存的文学：体验方式》《意义的先锋》《当代文学的一种描述：正、反、逃》《跨世纪的文化使命》《世纪末文学奇观：胜利大逃亡》《当代文学的第三种声音》《第三种批评：意义的先锋》《文学服务：官本、我本与人本?》等一系列文章从多个角度阐述了“意义的先锋”的必要性及其内涵。

金岱指出，从文学的发展现状看，文学在当下面临着社会科学、大众传媒的挑战，通俗文学、纪实文学、审美文学、民族文学在不同时期受到重视，而表现作家独特思索的“观念的文学”依然缺失。从人的需求而言，与生理性文学和社会性文学相比，“精神性文学”缺失；从生存方式而言，体验方式是生存方式的起点和归宿，而“文学，就是从体验方式的角度研究人类生存方式的一种极重要的精神活动”“这种对于‘体验方式’的前卫性探险，便是意义的先锋——一种真正重要的先锋”。[163]

金岱认为，“百年中国文学界的最大缺失便是对于生存本体的关切”[164]。他提出，文学是情感体验的言说，包括社会性情感体验言说和本体性情感体验言说。中国自五四运动以来的文学主要以启蒙呐喊、政治宣传、非意义逃亡的功能存在为主，侧重表达社会性情绪，关注社会问题，抒写个体人的生存和本体之体验的文学较少，即较少关涉个体生存的终极意义问题、个体人的生存整体问题、价值结构问题和人生境界问题。文学的生存本体论给予文学以哲学的意味。对此，金岱明确表示，“我以为，后现代人类的哲学尤其应在文学之中。文学是最具有真正哲学精神的言说”“在这样一种形式面前，文学与哲学是无法区分的”[165]。

从文学的发展进程来看，文学作为思想启蒙、政治宣传、形式实践之后，应该走向何处？文学生存本体论是对未来文学发展的积极指引或选择。它以人为旨归，重视人的本体体验，表达共同的生存体验，即“意义的先锋”。先锋一是指本体体验的文学创作实践是新的，二是指关于生存体验的意义是新的。文学生存本体论最终指向人的精神的营建。“我以为今日文学的使命就是重建精神规则，在重建规则的征途中充当意义的先锋。”[166] 金岱认为，中国正由血缘或泛血缘文明转向市场文明，文学应由政治文学、社会文学走向人本文学，建构以人为本的新人文精神，也就是先锋意义的所在。意义的先锋和文学生存本体论最终都指向人本身，前者指向人的精神规则的营建，后者重视个体生存体验的抒写，两者又共同指向关于人的生存意义的探索。

从客观方面来看，金岱用文学形式进行了哲学思考，将文学赋予生存本体体验的观照，具有哲学的意蕴。从主观方面来看，这是学者的理性追求。金岱多次提及，“文学可以不是政治的，但却不能不是思想的”[167] “20 世纪文学就是哲学”“文学是最具有真正哲学精神的言说”[168]。

二、关于中国文化现代性：从“重建精神规则”到“文化现代化：作为普世性的生活方式的现代化”

中国文化的现代性建构是金岱自 20 世纪 80 年代末至今关注的核心问题，在其早期的学术研究成果中多表述为“重建精神规则”，新世纪以后多表述为“中国文化现代化”。金岱的哲学意味主要表现为对中国文化现代性全面的理性思考和系统的建构探索。

金岱认为，在中国文明转型时期，确立精神规则能够使传统—时代—使命形成一个完整的整体。由此金岱进一步提出了中国之精神建设的三个层次：公明的基本文明守则、以理筑道、以美代德。[169] 金岱早期关于中国文化现代性建构的思考包括以下几个要点：1. 重建精神规则适应新的市场文明的重要性；2. 肯定市场文明中以人为本的意识；3. 寻求具有民族传统特征的现代性意识。

新世纪前后，金岱把中国文化现代性研究置于更广阔的全球化背景、西方后现代语境和文化研究领域进行讨论。首先，关于现代性研究。《生存形态：从现代人到后（期）现代人》《电视：现代性文化的终结?》《回到现代性的起点：我思》，主要侧重人的精神营建，“创造者一定是‘后现代’的人的根本特征”，强调“回到现代性的起点：我思”。其次，关于文化研究和文化批评。专著《世纪之交：长篇小说与文化解读》《城市：作为符号与表征——文化现代化视域中的文化广州论》，以及关于电视文化、手机文化、都市文化的批评等认为，通俗文化、严肃文化、高雅文化都具有存在的合理性，在肯定了大众文化满足人的需求的同时，也批评了大众文化工业的弊端。再次，关于全球化背景下的中国文化思考。《千年之门：全球伦理与国人之心》《中国眼光，世界胸怀》《21世纪中国文学思想：入列与贡献》等认为，我们应该做的最重要的事情就是，在深刻反省与批判传统文明的基础上，提出传统文明的精华成分，并参与到全球伦理与整个人类道德和人文精神的熔铸中去。[170]

2011—2013年，金岱发表了7篇“当下中国问题的文化进路论略”系列论文，多维度深层次的探讨了中国文化现代性问题，包括《中国问题·解释维度·文化进路》《文化保守主义的兴盛、现象、原因、合理性与危险性》《文化现代化：作为普世性的生活方式现代化——当下中国问题的文化进路论略》《中国现代性建构的文化进路》《中国现代性建构：作为战略》《论社会凝聚与文化逻辑》《文化建构主义与再启蒙》。7篇论文自成系统，从文化角度探讨了解决中国当下问题的可能性，在分析文化保守主义不适应当下问题的前提下，结合雷蒙·威廉斯关于文化的界定，阐述了中国文化现代化的内涵：普世性指标及非普世性指标，以及建构的战略方法，即“文化建构主义”：超越主体建构主义和社会建构主义，整合文化批判主义、文化保守主义的再启蒙，建构具有中国性和现代性的文化。

与大多数学院作家一样，金岱关注知识分子。除了揭示知识分子精神现状、探讨成因外，他还侧重知识分子精神的建构，并把知识分子精神的探索纳入到中国文化现代性进程中，即在中国文化现代性过程中定位知识分子的角色。他认为知识分子作为社会的精神器官，与其说是担负社会责任，不如说是承担精神责任。金岱写道，“知识分子的命运和职责既然就在于寻找和坚执超越，……今天在‘商海’的上空，我们难道就不能寻出点什么可以坚执的越感来吗”[171]“以唱高调（超越）和唱反调（对抗）为已任的知识分子当下的命运也许只能是：举起我们的右手打倒传统文明形态；再举起我们的左手抵抗物质主义的侵犯”[172]。可以看出，金岱是站在精英立场上对知识分子精神有较高的期许。

第二节　文学创作：基于生存本体体验的哲学心态小说

金岱是将文学创作与学术研究紧密联系在一起的一位当代学院作家，其文学理念与文学实践相辅相成，浑然一体。他的学术研究成果除了论文、专著外，还有大量思想随笔，文学创作则以小说为主。在学术研究方面，金岱由人本文学提出文学作为生存本体的言说，呼吁重建适应市场文明的以人为本的精神规则，即“意义的先锋”；在重建精神规则的过程中，文学生存本体论成为最具有真正哲学精神的言说，并对社会精神器官的知识分子的精神营建至关重要。在文学创作方面，实践文学生存本体论重视个体生存体验的抒写，探索知识分子的精神营建，探讨形而上的哲学意蕴。

一、哲学心态小说与文学生存本体论

金岱及其评论者将长篇小说“精神隧道三部曲”命名为哲学心态小说，“哲理心态小说的命名，是对金岱长篇小说创作关注灵魂哲理深度的界定，是对金岱小说创作注重生存心态的解读”[173]“金岱言说的重点，不是简单的具有客观性、形象性的外在世界，而是具有明显主体性的对生活的体验、对人生和世界的思考”。[174] 在创作访谈中，金岱多次明确自己文学创作的哲学倾向，“我所选择的是从心灵的，哲学的，或者说是从终级性的，生存方式意义上，即生存本体论的维度进行反思”“我的创作的确一开始就有着明确的哲学探索的意向”“创造具有东方文化特征的典型本体体验，哲学心态，我认为是中国作家的任务”“三部曲是哲学文学，也是文学哲学”。[175]

与文学生存本体论相契合，“精神隧道三部曲”探讨了关于个体生存体验、个体主体性的哲学命题。从小说主人公文仲、乔启隆、高水平、聂怀基、许白波到尚明的呈现，即是个体主体性的缺失到苦苦寻求主体性确立的过程。小说总体上关注人的精神状态，而非行为主导的情节或人物形象的刻画。如文仲象征专制下具有侏儒特征的知识分子，乔启隆、高水平象征失去信仰、迷失自我的知识分子，聂怀基、许白波象征在集体与个人、精神与物质（包括名利、欲望）、传统与现代中精神失衡的知识分子。

“精神隧道三部曲”在整体上的形而上意义还表现在探索个体主体性与客体世界关系方面，金岱创造性地提出了在现代市场文明下个体存在的理想状态——“我世界”。《侏儒》中的主人公缺乏个体主体性，即“无我”；《晕眩》中的乔启隆经历了“无我”到“无世界的我”的思想历程，高水平处于“无世界的我”状态，他们都无一例外地感到生存的困惑、茫然、绝望；《心界》中聂怀基的人生是“无我的世界”，许白波是“无世界的我”，尚明寄托了作者的理想——“我世界”精神准则的建立，即在肯定个体的基础上，主体与客体和谐相处。

“精神隧道三部曲”的哲学意味表现在艺术手法方面，如思想的突显，人物形象、情节的弱化。思想的突显一表现为作者创作前的主旨预设、结构的象征意味，从《侏儒》《晕眩》到《心界》是个体的自我“觉醒—困惑”和“迷失—救赎”的历程。二表现为作品中的主人公大都为热衷思考的知识分子，文中的主人公或作者本人常有大段的哲学思考。三表现为作者对人物心理的细微描写，每个人物的内心活动即为自我觉醒、审视、反抗、寻找自我的心理过程。

二、知识分子精神的自审与哲学营建

关于文学作为生存体验的言说理论，金岱主要通过描写知识分子的生存体验进行创作实践。作为知识分子的一员，学院作家关注知识分子是较为普遍的现象，大部分学院作家都有关于知识分子的论述或文学创作，他们聚焦知识分子精神，或批判或自省或赞颂。金岱的“精神隧道三部曲”将知识分子精神置于中国文化现代化视域中进行考量，表现当代知识分子的精神状态，尝试营建当代知识分子应有的理想精神。“我较早，也始终一贯地关注知识分子的深层精神现象问题。我从80年代初就开始关注这一问题，并着手进行这方面的创作。我认为知识分子是社会的精神器官，写知识分子，其实就是写一个民族的，乃至整个人类的心灵问题，或者更确切地说，是生存本体问题。”[176]

1. 文化现代化视域中的个人本位

个人本位是金岱思考中国文化现代性的核心，重建精神规则、文学作为生存的本体言说都是以人的精神为旨归的。金岱长期关注知识分子精神，这成为他研究中国文化现代性的一部分。从大量学术随笔可以看出，对于传统文化，金岱主张寻找传统文化在新时代的适应性；对于市场经济体制下的经济文化，金岱并未一味否定其文化工业的弊端，而是理性地认识到经济文化满足人的基本需求这一进步特征；对于新中国成立后长达近30年的政治文化，金岱的《侏儒》《晕眩》从人的角度进行了理性评判。金岱试图“寻找一种转型中的精神适应，建构一种市场文明的东方精神规则，创设一种经济的动作次序，探讨一种融入了我们民族传统特征的现代性意识”[177]，在《文化建构主义与再启蒙》中总结为体现“中国性”和“现代性”的“再启蒙”。

长篇小说“精神隧道三部曲”在一定程度上阐释了知识分子与传统文化、与政治文化、与当下经济文化的勾连。“思考一开始就是双向的，对传统性与现代性世界观的双向批判，甚至在我的最早的短篇小说中就是这样，我固执地要在这样一种矛盾与冲突中找到出路。这也是我整个三部曲的创作动机与基本主题。”[178]《侏儒》中的文仲受传统父权的压制，《晕眩》中的乔启隆前期受“无我”政治文化的精神洗涤，《心界》中的聂怀基受传统文化“无我”的精神塑造。三个主人公的精神营养来自传统文化和政治文化，但最终都走向悲观或绝望。《晕眩》中的高水平在自我欲望的放逐中逐渐迷失自己，文末暗示象征爱和奋斗的“红苹果”或能拯救他，或自我救赎；同是欲望的自我满足，《心界》中的许白波最终顺利的走向仕途。从主人公的不同人生境遇我们可以看出，金岱强烈批判传统文化中的父权专制、政治文化官本位的专制，聂怀基、乔启隆都走向自我毁灭。而对于经济文化下的个人欲望追求并未完全否定，高水平、许白波在世俗意义上也可算作成功人物。

2. 知识分子精神的哲学营建

“精神隧道三部曲”谱写了知识分子精神的“觉醒—病征—药方”三部曲。《侏儒》中的文仲集才华美貌于一身，但内心犹豫、痛苦。思想上的自省，行为上的踟蹰，使其心力交瘁甚至绝望。《晕眩》侧重探寻知识分子精神失落的原因，表现出在商品经济汹涌大潮中计划经济时代的价值观、道德观受到挑战，人们逐渐失去信仰迷失自我，在喧嚣繁华背景下晕眩的精神状态。《心界》的写作时间最晚，作为“精神隧道三部曲”的最后一部，在前两部揭示特征、探寻原因的基础上，金岱提出了建构知识分子理想精神的设想。通过否定“无我”的聂怀基、“无世界”的许白波，肯定“我世界”的尚明，金岱穿行在漫长的知识分子精神隧道中，在尚明身上寄托了名为“我世界”的精神理想，即在自我与世界，现实与理想、物质与精神、传统与现代中寻找坐标和平衡点。

小说与思想随笔在思想上大致同质。小说“精神隧道三部曲”知识分子精神求索对应思想随笔中“重建精神准则”的呼吁，三部曲中“我世界”的提出对应思想随笔中构建新人文精神的设想。

按照许纪霖对中国20世纪知识分子的划分，金岱属于“文革”一代人。“我六六年小学毕业，从那一年开始，几乎整个青少年时代，完全无学可上，起初在家玩，后来去农场和工厂。”[179] 非常态的受教育模式、鲜明的意识形态，读书的年龄当红卫兵、下放农村、进工厂，年近30考大学读大学，是这一代人独有的人生经历。特殊时代的非常人生境遇带来独特的人生体验，或许这是金岱提出文学作为生存本体论、主张文学抒写个人生存体验而非社会体验的一个动因。

三、思想随笔

在当代学院作家中，金岱的思想随笔（也可称学术随笔）数量较多，大多收录在《“右手”与“左手”》《千年之门》《如此世界：转型选择与再启蒙中》。同为出自书香门第、著名学者之后，与杨绛、宗璞多怀人忆旧之作不同，金岱除却《父亲身上的文化铭刻》为记叙抒情之作，其余随笔大多并非个人生活、经历的情感抒发和社会热点现象、事件的随想随感，而是站在现代文明发展和哲学的高度进行宏观理性地思考，从内容和形式上均呈现出金岱特有的思想者的气质。

就内容而言，金岱的思想随笔大多为哲学思想和学术思想，与其文学创作理念——文学作为生存的本体论和文学创作实践——哲学心态小说，相互补充和诠释，统一在中国文化的现代性建构这一大的哲学命题中。从出版发表的时间来看，《侏儒》《晕眩》与《“右手”与“左手”》的创作几乎同步，侧重分析、思考中国文明转型时期文学、文化的状态，以及个体尤其是知识分子的精神状态，如《文明的转型：蝌蚪与青蛙》《经济文化与政治文化》。在批判当代知识分子侏儒、晕眩精神状态的同时探索理想之路，如《意义的先锋》。《心界》与《千年之门》的创作时期大致同步，这一时期的金岱在更宽广的视野中思考中国文化的现代性转型问题，即如何从文学的视域、知识分子视域走向全球化视域和哲学视域，并从理论层面对中国文化的现代性建构进行较为全面的叙述，如《如此世界：转型选择与再启蒙》。

就形式而言，金岱的思想随笔以说理为主，逻辑性、思辨性较强，语言表达严谨，与学术论文有相似之处，所以也称为学术随笔。与一般散文重在知识、文化的呈现或个人情感、经历的表达不同，金岱的随笔重在独立思考并能提出自己的独特见解，如《解词“大众”》《酒“好”不怕巷子深?》《广东能创造新文化吗?》《个体和集体，谁更博大?》等，从主题上即可看出作者随笔创作的思辨性特征。在《如此世界：“毁灭”还是“新生”? ——面对转型阵痛的向度抉择》中，金岱把 2011 年轰动全国的“小悦悦”事件置于中国现代文明转型的背景下进行考量，当全国人民都在控诉辗压司机的无良、路人的冷漠时，他从“法律的出发基点：惩罚还是保障”“道德：理想莫变专制”两个层面进行了理性分析，呼吁道德定罪的危险，进而告诉读者，“小悦悦”事件不过是转型时期必然的阵痛，不能因为一时之痛返回旧时来路——道德专制和思想定罪，而应在阵痛之后走向新生——健全现代法律机制和法律意识、提高公民道德素养。

第三节　当代知识分子精神营建的哲学探索——《心界》

《心界》出版于2002年，为“精神隧道三部曲”的第3部，书中探索了当代知识分子在传统文化向现代商业文化转型时期应有的精神取向。《心界》的作者手记写道：“大我”不是“我们”，当然，也不是“我”；“大我”是“我世界”。“我世界”是一种生存的本体论。可以说，《心界》较好地实践了金岱的学术思想，表现出鲜明的哲学意味。

一、《心界》的哲学沉思

当代知识分子在中国传统文化与现代商业文化之间，在家国观念与个体价值之间，在“大我”与“自我”之间，应如何抉择？坚守家国文化的知识分子在现代境遇中不断碰壁，信仰现代商业文化的知识分子同样走向困境，那么，现代知识分子应该何去何从？两者是否是非彼即此的关系？《心界》对此进行了哲学上的思考、诠释。

从结构来看，《心界》7卷21章，外加引子、尾声。每一卷的体例相同，分别从聂怀基、许白波、尚明三个主人公的不同角度讲述他们在同一件事中的做法、想法，第1至7卷讲述了三人在毕业分配、学术研究与爱情态度、职称评审与住房、学术活动、学校创收与个人利益、退休与出书、竞选文学院长7件大事中的不同价值取向。(详见表1)

表1　《心界》主人公重大事件关键词

人物	毕业分配	学术与爱情	职称申报	学术活动	商业创收	人生理想	结局
聂怀基	公正	严谨	不争	忠诚	固穷	南北村梦	窝囊
许白波	清醒者	活法	你还得让我	狂欢	两种名片	当代英雄	挣扎
尚明	现代教堂	性解放	不让	自由	权利	双向抵抗	蜕壳

小说的故事层面从聂怀基作为文学院书记，学生许白波、尚明面临毕业分配工作开始，以聂满怀忧愤死去，许、尚两人仕途升迁结束。全书象征着以传统家国文化的绝对优势开始，最终以家国传统文化在现代的殉难，当代知识分子奉迎现代商业文化的名利双收和精神困境，以及在两者之间寻找理想的价值模式结束。小说结构清晰完整，可以看出作者通过文章结构突显象征意义的匠心独运。

从内容来看，《心界》即知识分子寻找理想精神之路。当代知识分子的精神游走于中国“家国”传统文化与现代商业文化之间，无所适从，困惑挣扎。金岱在小说中勾勒了三种人物，中国家国传统文化的代表聂怀基，现代商业文化的代表许白波，理想精神的寻找者尚明。

聂怀基成长于“南北村”——中国农耕文明的桃花源：谨遵忠诚仁义、父道尊严、恶名远利、天下为公等古训，“耕种之余，喜好的竟只是诵读古书，研墨挥毫”。[180]“怀基”名字赋予传统文化印记，儿子大同、女儿婉然亦是如此。他主张“我们”哲学，“这世界上，‘我’其实不存在的，不可能存在，存在的只能是‘我们’”[181]。他认真、负责、严谨，从不争名逐利。“正如老父亲把每一分钟都献给了族里的事务，他聂怀基每分钟都得献给学院里的工作，献给人民的教育事业……”[182]，在为“我们”无私奉献的同时，他认为个人的欲望是可耻的，于是极力压抑“自我”，如出版学术著作、评职称、老伴的工作调动、儿子的工作安排，他都不屑求人。对于现代商业，他认为钱是万恶之源，“商人与小偷、强盗可以画等号”。

许白波的精神哲学是“无世界的我”。“这是一个彻头彻尾为自己活着的人，对许白波来说，宇宙人生一切都再简单不过了……于自己有利的就上，无利的就撤，没有别人，也没有集体啦，国家啦，人类啦那些玩意儿”“人为自己的事奋斗，天经地义，有什么不好”[183]。他追名逐利，游戏爱情，并认为这是理所当然的。

尚明在面对家国传统文化与现代商业文化时他一直在思索、探寻。最初的他更多受传统文化的影响与束缚，严谨认真地学习、与静纯圣洁地相爱。他学习优秀本应留校最终却被排挤，他忍受；他与静纯被传统的爱情、性爱观念束缚。在众多经历与思索之后，他的“自我”开始觉醒，“你有权，完全有权力为自己的事奋斗”“公民的个人权利、自由等等这些根本性的问题……就是整个集体、整个国家，整个社会的至大的事！”[184]。他认识到，个体应该是自由的，其中最重要的就是能自主，能独立地思考、判断。当他看到聂怀基最终变得忧愤，他开始反思，“聂、许，似是从不同的方向走来，最后却走到了一起，他们对世界的感觉……最终竟是那样的相像”[185]。最终，他的思索上升到哲学层面，传统文化与现代文化、家国与个人，并不是非彼即此的一元关系，我们的观念模式应从一元转向多元，“每一个我，都是一个我世界，我宇宙，每一个存在者，都是一个存在者世界，存在者宇宙”[186]。

从另一个角度看，聂怀基、许白波象征尚明内心深处的“两面”，普通知识分子精神资源的“两面”，这“两面”与“自我”不断争论、博杀，互有成败。最终在困境中不断突围，找到了理想的精神哲学——“我世界”，基于个体生存本体论的“世界”，一个有“自我”的“世界”，将“自我”置于“世界”，为“我”即是“为世界”。

金岱除了在情节上有关于理想精神的哲学思索，他还通过尚明传达了关于精神、关于世界、关于个体与世界关系的哲学思考，文中有较多大段地理性辩驳、冥想、哲学思辨。诸如类似“我认为，世界是个混沌，只有把握世界的角度和方式之不同……而混沌地、联系地、趋向地、精神地，亦即艺术地、创造地把握世界的是另一种角度与方式”，等等。[187]

二、生存本体论

《心界》以东西大学的知识分子为描写对象，东西大学坐落于一个“人”字形的、富有历史文化的城市，作者手记告诉我们小说中的“我世界”是一种生存的本体论，暗示着小说讲述文化人的精神领域，关注人的内心世界。

从叙述视角来看，小说的每一卷分别从三个主人公的视角进行叙述，即使面对同一件事，三人的情感体验、价值判断也各有特色。如第一卷在毕业分配工作事件中，第一章《公正》从聂怀基的视角讲述他作为学院书记，面对儿子、朋友之子工作分配时的所思所想以及他的公正原则，“聂怀基相信自己就是公正的化身”。第二章《清醒者》从许白波的视角讲述他如何费尽心思甚至不惜牺牲色相、排挤同学得以留校，“人生也只有很简单的道理，人人为己……”[188]。第三章《现代“教堂”》从尚明的视角，讲述尚明将大学作为现代“教堂”的精神向往，成绩优异却遭小人排挤。

从人物设置来看，三个主人公的不同命运可看出作者个体生存论的出发点。小说中聂怀基是中国传统家国文化的代表，他信仰“我们”的哲学，一切以“我们”出发，压抑个人欲望。按金岱的观点，聂的情感体验不是个人的，而是社会情感体验，即忽略或抑制个人的社会整体情感。聂怀基一开始高居文学院书记之位，为人严谨、认真、公正、无私、忠诚，但出书不成、教授未评、住房未分、儿女不敬，最终走向自我厌恶，信仰的价值观轰然崩溃，滑向相反的另一边。聂怀基的去世在一定程度上也象征着家国文化在当代的殉难，即“我们”哲学的局限。对于极端宣扬“自我”的许白波，作者虽极力批判，但仍让他学术仕途如鱼得水，名利双收。对于尚明，他探索了一条“自我”与“世界”平衡的“我世界”之路，基于“自我”基础上，最终家庭美满、学术有成、仕途顺利。

金岱用文学形式进行哲学思考，提出了“文学作为生存本体言说”的观点，并以知识分子的精神体验为内容、哲学心态小说的形式进行文学创作实践，其所致力的具有中国文化特点的本体体验、结构象征、小说与哲学随笔融为一炉等实验性写作对当代文学具有开拓意义。

在当代学院作家中，周国平、金岱的文学创作均具有鲜明的哲思特色，两人的共同点主要表现在主题的形而上、语言的严谨、结构的逻辑性强等方面。两人也有不同之处，周国平的哲学思考主要以散文为载体，金岱主要以小说、思想随笔为载体。周国平的散文或将哲学理论、哲学故事通俗化、生活化，或对当下现实生活进行哲理性的归纳；金岱的小说更注重作品整体上的哲学象征，如“精神隧道三部曲”从“病态—病因—解药”的整体隐喻，《心界》对“我”“世界”“我世界”三者关系的形而上思考。周国平散文的抒情性更为浓郁，金岱小说和思想随笔更具理性色彩，尤其是思想随笔中体现个体独立思考的学术性、思想性更为突出。

第十二章　当代学院作家创作的市场性探索（一）
——以葛红兵为例

第一节　个体生存体验与商业化的时代精神

葛红兵生于1968年，与20世纪50年代出生的学院作家相比，其成长的时代环境、人生经历以及文化资源有较大差异。传统知识分子的家国情怀、新中国成立后较长时期强烈的集体意识形态，不再是葛红兵一代所处时代的精神主旋律。他们在懵懵懂懂的少年时代经历了“文革”，政治、集体本位的价值观若隐若现；“文革”结束后以人为本位的人文思潮给予了他们新的精神给养；随着改革开放的逐渐深入，个人本位、利益本位的商业文化再次冲击着他们的精神世界。葛红兵一代显然比上一代作家经受了不断变更的价值观和人生观，他们开始重视个体生命的独特意义，自觉地逃离“大历史情结”“集体本位”开始转向对个体存在的探索。

“从我有记忆开始，就是一个激情飞扬的时代，比如我上小学的时候举着小旗游行，我印象特别深刻，对我有启蒙意义的是什么呢？这种记忆对我影响非常大。”[189] 独特的人生体验内化为葛红兵一代自我主体意识的高扬、面对时代环境变化的快速适应、面对变化的果敢和勇气以及敢于挑战当下与自我的精神特质。可以说，成长环境、个人经历与时代境遇共同赋予了葛红兵鲜明的主体性与当下的适应性，其表现为突出地自我表达和对当下的高度关注。

一、成长境遇：自我价值追求与个体生存体验

从葛红兵的履历上可以看出他的奋斗历程：1991—1993 年任教海门师范学校，1993—1995 年于扬州大学攻读硕士研究生学位，1995—1998 年于南京大学攻读博士研究生学位，1998 年任教湖北大学，同年晋升副教授，1999 年至今任教上海大学，2001 年晋升教授。

奋斗的人生历程与情感体验在葛红兵的随笔和自传式小说《我的 N 种生活》中多次提及，一成不变的现实环境、非理性的人际关系，促使他不甘于平庸而求新求变，渴望个人成功。他从寒门学子成为大学教授，其间经历人事、户籍制度等束缚；他从乡村走向国际化大都市，感到无所适从的焦虑不安；个体尊严、自由被打击，主体不能自己成为他生存体验的重要内容。

从专业背景来讲，葛红兵以文学为业，20 世纪八九十年代的文学思潮给予了他比较直接的影响。在 20 世纪 80 年代前期文学界对人性、人情、人道主义问题的讨论中，人的主体性彰显，对之后个性鲜明的先锋文学、新生代创作产生了深远的影响。同时，西方 20 世纪哲学及文论大量引入中国，主体性突出的表现主义、象征主义、生命直觉主义、精神分析、存在主义，注重文本的形式主义等成为葛红兵求学年代的主要精神资源，“天天捧着海德格尔、尼采、萨特、加达默尔读，想从这些人里面找到一点解读人生和社会的入口”[190]。存在主义关于悲观、虚无、恐惧、危机、荒诞等的生存体验，在一定程度上与葛红兵及其同时代人产生了精神共鸣。

二、学术研究特质：“我”与“新”

葛红兵的学术研究主要包括三个方面：1. 20 世纪 90 年代中后期，侧重文学史的总体研究，如《论文学史家》《论文学史空间结构》《文学史学模式论》等，后结集为《文学史学》。2. 较长时期对新生代作家进行系列研究。3. 新世纪关注中国小说类型及创意写作。总体而言，葛红兵的研究大多不是在中

国学界前人研究基础上的纵深探索，而是更加关注中国文学领域的新生事物或新的热点，新生代作家的研究、新媒体时代小说类型研究以及创意写作研究，均是如此。

1. 突出的主体意识

当 20 世纪 60 年代出生的作家以非同以往的姿态登上文坛时，评论界还沉浸在关于人文精神讨论、先锋文学批判的余波中。葛红兵较早研究新生代作家（也称作晚生代作家）创作，20 世纪 90 年代中后期至今，发表文章评论李洱、朱文、韩东、何顿、韩小蕙、毕飞宇、刘恪、王旭烽、西飏、陈家桥、梅力洪、邓一光、王干、吴义勤、李修文、王宏图、冯积岐等。除了作家论，还对新生代作家进行了整体性研究，如《非激情时代的暧昧意象——晚生代小说的主题》《个体性文学与身体型作家——90 年代的小说转向》《世纪末中国的审美处境晚生代写作论纲》《晚生代的意义——晚生代作家论写作札记》。他提出“身体叙事”“第三种写作”等概念，认为晚生代作家以“个体、感性、身体”为核心，用个体性及个体性话语取代群体性和群体性话语，突破了之前的“启蒙叙事”“革命叙事”；肯定了新生代作家创作实现了身体的自主与张扬，即个体自我的真正突显和实现，意味着颠覆与反抗。

葛红兵一度被誉为思想评论界的黑马，以新锐大胆著称。在《为二十世纪中国文学写一份悼词》《为 20 世纪中国文学理论批评史写一份悼词》中，葛对 20 世纪中国文学评价不高，认为 20 世纪的中国文学没有大师和经典，质疑鲁迅的爱国主义情怀、人品以及鲁迅作品的语言、思想性、审美价值等。甚至猜测鲁迅嫉恨阴毒，“因为童年长期的性格压抑以及成年以后长期的性压抑，鲁迅难道真的没有一点儿性变态”[191]。葛的《为二十世纪中国文学写一份悼词》也因此在学界轰动一时。2006 年，葛红兵与网络文学写手“菜刀门”进行论战，批评都市放牛等人的网络语言；同年，以《如此易中天，可以休矣》一文批评盛极一时的易中天将历史娱乐化。

2. 着眼当下的适应性

葛红兵自 2006 年起每年发表文坛热点述评、文学理论批评热点问题述评，如《分化与缝合——2006 年文学理论批评热点问题述评》《交汇　互动交锋——2007 年中国文坛热点问题述评》等，关注文坛重大事件及发展态势，包括网络文学、新媒介、微阅读、同人文学、文化消费、莫言获诺贝尔文学奖、作协的当下定位、生态文学与生态批评等等。

面对网络文学的迅即发展，葛红兵迅速捕捉到网络文学对文学类型的冲击，主持了“中国现代小说类型理论与批评实践研究”，并出版专著《小说类型学的基本理论理论问题》。他认为需要革新小说理论批评研究的范型，建立小说类型理论体系；提出“叙事成规”理论、“地方知识”理论，小说类型学建构的跨类、兼类、反类、正体、变体等概念。

面对中国文化产业的迅猛发展，葛红兵开始思考中国文学学科教育与当下文化产业发展的鸿沟，成立了我国第一个文学创意与写作研究中心，从事创意与写作研究与实践，为文化产业培养新生力量。

突出的自我意识与着眼当下的开拓性，意味着思考、批判与创新，葛红兵在一篇后记中写道：“我很喜欢西蒙·波娃的一句话：‘我将埋身于抵抗之中。’我愿自己是一个‘思者’而不仅仅是一个‘学者’。我不能对这个世界正在发生着的一切无动于衷，我不能用冷漠的平静的眼光看待这个世界。”[192]

作为 20 世纪 60 年代末出生的一代人，葛红兵迅速适应了 20 世纪 90 年代以来形成的商业文化法则，凭借着丰厚的学历资本快速成长为年轻有为的学者。研究领域的开拓、肆于言说的勇气都表现出葛红兵从事学术研究的主体性与当下性。他以突出主体性、当下适应性为基本特征的个体生存体验，经过文学深加工而形成的学术研究成果以及文学作品，在一定程度上适应了当代商业文化背景下崇新、崇快、崇浅的市场经济运行规律。葛红兵也因其突出的“主体”性与对“新”的挖掘取得了较高的学术声誉，33 岁晋升教授成为我国当时最年轻的文科教授，走向商业意义与文化意义的双重成功，成为物质财富的拥有者、学术名流、知名作家。

第二节 文学创作：突出的主体性与市场适应性

葛红兵的文学创作主要分为三类，其一为长篇小说：《我的N种生活》《沙床》《财道：富人向天堂》《上海地王》；其二为科幻小说："科幻三部曲"——《太空使命》《地下王国》《克隆兄弟》、"未来战士三部曲"——《太空人》《机器人》《克隆人》；其三为随笔集：《现在活着》《真实的荒诞》《维纳斯的抽屉》《横眼竖看》《心灵的课堂》《直来直去》《葛红兵海外日记》《街边的主题》等。

与葛红兵个人和学术研究的精神特质一致，突出的主体意识与着眼当下的市场适应性也贯穿于他的文学创作中。早期的"科幻三部曲"以太空人、机器人、克隆人为主人公，探讨了个体渴望自由、掌握命运的主题；《我的N种生活》《沙床》被称为自叙传小说，均以"我"为主人公，剖析"我"的灵魂，表现"我"的情感状态；近期的长篇小说《财道：富人向天堂》《上海地王》则笔触当下——上海都市的金融业、地产业，表现了中国当下新型价值观和财富观；随笔《现在活着》《真实的荒诞》《维纳斯的抽屉》《横眼竖看》《心灵的课堂》《直来直去》《葛红兵海外日记》《街边的主题》大多着眼当下文化现象如对身体、酒吧、电视、旅行、宠物、女人、婚姻等都市文化现象的文化解读。

一、"主体性"三部曲

五四时期"自我"的觉醒主要基于对封建制度以及衍生的伦理道德的反抗，在鲁迅、叶绍钧、许地山、冰心的作品中，未觉醒的主人公大多在封建传统文化与新文化思潮中畏首畏尾，懦弱、迷茫、犹疑；觉醒的主人公终于勇敢走出家庭，追求自我价值。葛红兵对"主体性"的抒写基于当代商业文化背景下自我过于膨胀的反思。"自我"摆脱神权与专制的束缚后开始张扬个体的自由与价值，人的理性也被赋予了崇高的意义，但理性的过度张扬使自我再度被围困。人们认识到曾经推崇备至的理性的局限性，再次陷入空虚、孤独的精神危机中。

1. “主体”的觉醒

《太空使命》中四个主人公罗狄、肖赫、绫子、义慧，他们渴望能够掌握自己的命运，渴望自由，但作为太空人不仅无从选择自己生命的来源方式，也无从选择自己的人生使命；《地下王国》中人类制造的机器人开始觉醒，他们开始反抗人类，渴望“成为自己命运的主人”；《克隆兄弟》对克隆的注释是社会学意义的，“基因生物学获得了巨大进展，于是人类产生了自己扮演上帝，创造自己的冲动。这就是克隆，人类要自己做自己的造物主”[193]。阿川和小乐都是克隆人，因和爸爸的身体、智力一模一样而感到困惑和无奈。科幻世界中的主人公都是科学的产物，他们的自我觉醒表现出对理性的质疑。

2. “主体”的审视

《我的N种生活》通过讲述“我”出生、求学、工作、结婚生子的人生历程，表现了“我”贯穿始终的自卑、怯懦、孤独、焦虑，而痛苦的根源在于被围困于贫困和欲望中的“我”渴望自由和尊严，“我”想改变命运而不得。“我”渴望自由、激情，“我是这个时代的衡量标准，我用我自己的命运来衡量这个时代。我是农民、学生、教师，我热烈而富于激情，勤奋常常让我自虐，真诚常常令我泪如泉涌”[194]，“我”不满、批判，邓一光说：“我觉得葛红兵是一个坏小子。他是一个太不守规范一个反秩序而且以反秩序为乐的写作者。”[195]

《我的N种生活》中的“我”虽有诸多悲观情绪但仍充满生活的激情，《沙床》中的“我”更加悲伤、恐惧、绝望和虚无。作为哲学教授、作家的“我”，精神世界里混杂了对家族疾病的恐惧，对爱情的无力承担，对人生意义的质疑，认为人生就是“徒劳的烦忙”“也许我是这个世界上最最虚无的人……一个虚无，一个怀疑一切，对一切都没有信念的虚无”[196]。“我”与Anna（安娜）、张晓闽、裴紫、罗筱等众多女性暧昧不清，但不敢去爱；教授董从文与学生章静宜相爱却导致章静宜母亲的死亡；“我”被裴紫感动了，但

“我”的爱随着身体死亡也一并死亡。

3. “主体”的当下救赎

《沙床》之后，葛红兵的小说创作转向当下的都市题材，“自我”的主题仍贯穿其中，当代商业环境下的理想“自我”成为他思考的问题。他在小说中试图融合中国传统文化与西方现代商业文化，建构适宜当下的个人价值观。

《财道：富人向天堂》中，出身农村的大学生崔钧毅怀揣金钱梦闯荡上海，凭借自己的胆识、智慧与人缘，几年后成为沪上大亨。《上海地王》中的崔浩讲义气广交朋友，女朋友白玉为了救他不惜色诱厂长，琛保平、阿三为了他舍弃生命，戴耘为了他抛弃名利。另外，崔浩具有超人的胆识、智慧和决断能力，最终他成为上海地产之王。《财道：富人向天堂》《上海地王》从尊重个体价值的角度肯定了金钱、欲望的重要意义，也融入了中国的传统美德，如忠义、胆识智慧等，但总体而言这种自我救赎的想法还是过于表面化和简单化。

二、文学创作与学术研究的互文性

作为学者的葛红兵与作为作家的葛红兵都与新生代作家群体有着密切的联系。作为学者，新生代作家是其研究的重要对象；作为作家，许多评论者将其列为新生代作家。葛红兵评价新生代作家的成就与局限，用来评价他自己也大体合适。可以说，葛红兵关于新生代作家的研究与其文学创作实践相辅相成，他在文学创作中将新生代作家的长处发挥到极致的同时，也尝试修正其局限性。

1. 用身体表达的个人生存体验

葛红兵将新生代作家置于现当代文学发展史的语境中，充分肯定了他们的主体性及个体性话语，“身体”成为他们突显主体性的重要载体，感官的力量、颠覆与反抗的意味、精神的虚弱都通过身体性存在表现出来。“身体”既是感受生命的方式，也是个人化的经验行为的表达，表现在文学创作文本中，既是创作内容又是艺术技巧。新生代作家在文本中用极具个性、感性的文字极力抒写“身体”的个体性体验——个体内在生命的悲观主义、情感世界的零余感。

葛红兵曾用“身体”“障碍”“零余”评价新生代小说的主题。这与他在《我的N种生活》《沙床》中传达出来的个体体验相似。《我的N种生活》是“我”面对外部世界时自我内心的独白，感受到个体与世界、自我的不可调和，即“障碍”：自卑、怯懦、孤独、不安和焦虑。在艺术风格上，小说采用自叙传的形式，“我”出生至成为大学教授的经历若有若无地贯穿于小说的始终，浓墨重彩地抒写“我”在每个阶段的内心感受，没有引人入胜的情节，没有精致的对话，没有人物的形象刻画，而是向读者倾诉个体的内心感受，小说弥漫着隐秘、孤独、阴影、感伤的情调和意味。葛红兵借用李洱的话，将新生代的这种创作风格称为“午后的诗学”——个体的、感官的、精神虚弱的。

2. 突破局限的尝试

新生代作家将主体性情感体验写到极致的同时，局限性也日益突显。葛红兵看到其情节的碎片化、人物的扁平化、审美未达到较高的境界、没有历史必然力量的宏大气势、题材的狭窄等问题时，他开出了药方——提升躯体写作并扩大题材域。

《财道：富人向天堂》《上海地王》可以看作葛红兵突破新生代创作局限的尝试。首先，两部小说的主人公超人的智慧、意志，传奇般的成功经历，带有新生代创作鲜明的主体意识；其次，题材由个体性情感经历转向大都市社会人生；再次，突破“我”的叙事视角，注重情节和人物性格的丰富性。相较《我的N种生活》《沙床》故事的弱化、情绪化的铺排，《财道：富人向天堂》《上海地王》的故事情节和背景更加完整，人物形象更加丰满。两部小说分别以上海大都市的金融业、地产业为背景，将小人物追求人生理想的历程置于宏大的历史叙事中，塑造出传奇式的时代英雄。弥漫于《我的N种生活》《沙床》中悲观的情绪，在《财道：富人向天堂》《上海地王》中消失殆尽。

当然，《财道：富人向天堂》《上海地王》的尝试并非成功。《我的N种生活》《沙床》极致的个人体验抒写，未在后来的创作中发扬光大；而题材的扩展也显现出作者感性体验的不足。女性人物、情节设置过于感性；从《我的N种生活》《沙床》中焦虑、虚无、绝望的主体到《财道：富人向天堂》《上海地王》中充满激情、智慧与胆识的个体，缺乏自然的内在过渡；传统文化的继承与获取财富的成功作为新时代个体自我价值的体现，未免显得简单。

三、适应当下的市场元素

从作品的主题来看，20世纪末至21世纪初的中国，集体本位政治意识形态的影响淡去，个人本位经济意识形态的影响日益突显，突出的个体主体性与着眼现实的当下性成为大众潜在的精神渴求。葛红兵作为20世纪60年代末出生的作家，不管是个人情感体验，还是学者身份赋予的文学眼光，都促使其作品在一定程度上与大众具有某些精神上的共鸣。《我的N种生活》《沙床》抒写内心苦闷、迷茫、空虚的现代都市人群，人物、情节的冲突不再主要来自人与人、人与环境，而是来自主体内部精神世界的冲突；《财道：富人向天堂》《上海地王》以最能体现当代商业概貌的金融业、房地产业为背景，抒写当下个体对财富、成功的欲望以及为欲望奋斗之路。这些作品的主题、情节、人物都与当下大众的精神需求不谋而合。

从作品的表达方式来看，一方面，与主体的突显相对应，《我的N种生活》《沙床》极具私语性，除选材具有自叙传性质外，文中较多个体的内心独白、呓语，深入的精神剖析往往触及个体隐秘的内心深处。《财道：富人向天堂》《上海地王》中，情节的设置尤其是主人公的成功之路显得极富戏剧性，其间可看出作者大胆的创作构思与想象力；另一方面，《财道：富人向天堂》《上海地王》作为小说，其情节、人物、主题以及语言有失精致，这与当下大众文化产业重数量轻质量、产量高产程快也有较多相似之处。

从作品的传播手段来看，葛红兵的作品在市场化的营销手段帮助下获得较大成功。《我的N种生活》《沙床》的宣传策划包括多个方面，如贴上情欲、私语、时尚、精神虚无的畅销标签，再配合作者身份“最年轻的教授”“美男作家”等炒作。后期的《财道：富人向天堂》《上海地王》虽然作品的质量未及前者，但由于之前的文化影响力，“葛红兵”这个名字已经变成文化资本发生作用，读者及评论者仍然众多。

第三节　创作的市场化倾向——《沙床》

《沙床》2003年由长江文艺出版社出版，评论界褒贬不一，但销量居高不下，之后多次再版。个性化的语言、情欲的抒写、忧伤的情调、身体写作以及教授作家等成为评价该小说的关键词，也突显出作品创作的市场化倾向。

一、“身体”表达与大众的主体性需求

20世纪90年代末，个体的欲望觉醒和生命体验从身体的感知开始。葛红兵描述个体的潜在欲望和当下的生命体验，如身体、情感、物质、精神的欲望和焦虑、不安、孤独、空虚的情绪，适应了大众内心深处的精神需求。

葛红兵笔下的“身体”，是生命本真的状态，饱含欲望和激情，它是个体的、自我的、感性的，与外在集体的、大众的、理性的世界难以调和。《沙床》中，“我”是哲学教授、知名作家，虽探讨生命意义但无比困惑；“我”有家族肝病，哥哥因此而死亡，我感到恐惧；“我”有众多关系暧昧的女朋友，但感到孤独；“我”不相信爱情，却渴望温暖；裴紫让“我”感觉幸福，但“我”却坚信幸福是没有救赎的罪；面对虚无和恐惧，“我”怯懦、忧伤、焦虑，“我”不敢去爱和被爱。

张晓闽是“我”的学生，她对世界的感受通过“身体”表达出来。她习惯裸睡，“一个人蜷缩着，拱在被窝的一角睡着了。她蜷缩的样子，完全是封闭的”[197]，她爱“我”，多次试图用身体的关系来确认。她的身体语言表现出她的青春、任性和孤独。“我”的健身教练罗筱审视“我”的身体，与“我”的身体发生关系，故事中出场的均是欲望化的“身体”。裴紫的丈夫为了救她而死，她需要被拯救，但和“我”第一次见面却是“身体”的；于“我”而言，这是比爱情更高尚的欲望，而裴紫希望这是比欲望更高尚的爱情。

“死亡”是“身体”的最终归宿，也是“身体”和灵魂的最终解脱。“我”和裴紫在“身体”的误读中相爱，最终走向死亡。“我”的大学恋人Anna与恋人生活在一起，却选择了极端的方式死亡；章静宜的母亲没有与相爱的人结婚生子，当女儿为爱出走时，或许她不是愤怒而是悔恨，因此她选择自杀终结自己。

流浪猫Dan（丹）的出场或许是关于人的“身体”的隐喻。“我”给它食物，帮助它找主人，从此它依恋我，甚至用一个月的时间跨越城市来到“我”的身边。在这里，“身体”需要的食物和住所是第一位的，然后才是情感的。

《沙床》被误读成情欲小说，很大程度上是因为作者认为情欲和激情都是身体呈现出来的生命的本真状态，是人的本质，当个体失去这种鲜活的生命力，那就走向“身体”和精神的不归路——虚无、死亡。葛红兵在《沙床》中和在相关访谈中多次提及哲学著作《个体及其在世结构》，认为后者是前者的哲学版本，探讨了“人如何在死亡的威胁下生存的小说”。对于如何生存，作者是悲观的，“沙床”的喻义是“永恒将留在原处，而我们将随之流而逝。我们是短暂者”“身体才是我们的本质”[198]。

二、悲伤的情调与大众主体的精神共鸣

在当代社会背景下，传统的伦理道德价值观悄然被商业利益中心的市场价值观改变，主体在找回自我的同时，也开始发现失去了很多东西；欲望的合理追求背后隐藏着遗失精神家园的忧伤。

《沙床》弥漫着忧伤的气息。文中多处提及穷愁的精神状态，穷愁是一种持之以久的“存在状态”，它所面对的是存在的处境本身。[199] 故事中的每一个人都是忧愁的。作为哲学家的“我”，既有对家族疾病的恐惧，又有对生命本体的虚无感。“姐姐，我的姐姐代表苦难；妹妹，我的妹妹代表悲伤；母亲，我的母亲，她是灾难的源泉。我永远将和她们站在一起”[200] “也许我对爱的信任丧失了。我没有安全感”[201] “我用酒精、用音乐、用各种各样的女朋友来掩饰内心的恐惧感”[202] “一切都是靠不住的，都会失去……或者，我们就是为了失去，才暂时拥有了它们”[203]。裴紫既对她的丈夫心存爱与愧疚，

又处于渴望得到真爱的忧虑中；张晓闽阳光的背后依然害怕孤独，害怕爱与被爱。

离开和死亡总是悲伤的。“我”的大哥死去了，“我”的大学恋人Anna自杀了，章静宜的母亲自杀了，当“我”最终决定积极地生活和爱时，身体死亡了，裴紫伴随着“我”自杀。

三、当下的大众文化元素

从小说的内容来讲，这是一部关于都市男女的情感小说，都市的元素无处不在。画家、艺术家、作家、音乐家、附庸风雅的成功商人，香艳的肉体、赤裸的情欲，小资情调的音乐、电影、酒吧，生死派对、裸体派对等等。

从小说的形式来讲，文中大量穿插图画、诗歌和内心独白，既有大段的哲学冥思，也有长篇的情感诉说，如声景时代的艺术作品，充满了声音、色彩和画面。

从小说的出版发行来看，与上一辈学院作家不同，在高度媒介化和市场化的时代，策划、包装和宣传成为传播的重要途径。葛红兵出版《沙床》时，出版单位试图制造“卖点”吸引大众眼球增加销量，“美男作家”的标签、“大学教授与学生的情欲纠葛”的宣传内容、葛红兵与朱大可的官司、极富争议的各方评论等，共同成就了小说的畅销。

20世纪50年代出生的学院作家的创作一样具有鲜明的主体意识与着眼当下的开创性。不同的是，20世纪60年代后期出生的学院作家，他们的成长环境离政治更远，离市场经济环境更近；他们成长时期的文化资源、知识资源、精神资源更多来自西方后现代语境、中国改革开放以来的商业环境，传统文化的精神束缚、政治牵绊对他们的影响较小。因此，以葛红兵为代表的20世纪60年代后期出生的一批学院作家，他们的主体意识更加突出，更加关注当下，文学研究以及文学创作呈现更鲜明的个体化、市场化特征。

如上所述，葛红兵的市场性探索大致可分为三个方面。1. 个体生存体验与商业化时代背景下的大众生存体验的精神共鸣，表现为个体主体性贯穿其学术研究与文学创作的始终，如作为学者的新锐大胆、敢于言说、关注新生事物或现象，作为作家极具私语性的自叙传小说创作或商业背景的都市创富题材小说。2. 文学创作的市场化元素。如时尚都市的小资情怀，欲望的抒写，焦虑不安、迷茫空虚等时代情感的表达，个人化、私语化的语言表达方式等。3. 作品传播的商业模式，其作品的出版发行按照市场经济商品的营销方法宣传、策划，以取得最大的商业效益。

第十三章　当代学院作家创作的市场性探索（二）

——以倪学礼为例

倪学礼，1967年出生，1991年毕业于内蒙古大学中文系，1998年获北京广播学院戏剧影视文学硕士学位，毕业后留校任教，现为中国传媒大学博士生导师、教授。1988年开始发表作品，1996年开始剧本创作，著有长篇小说《人间烟火》（改编为电视剧《有泪尽情流》）、《大学门》《追赶与呼喊》（改编为电视剧《小麦进城》）等，中短篇小说30余部，剧本《山羊坡》《风过泉沟子》《有泪尽情流》等获中国电视剧飞天奖。

第一节　理想价值与大众文化

在当下商业化大潮背景下，大众崇尚物质美学，追求瞬时体验，信奉消费主义，呈现轻趣味的审美趋向。市场需求决定文化生态主流，经典美学走向大众文化、传统艺术走向视听艺术，情节重复雷同、制作不够精良、令人过目就忘的类型剧轮番充斥着荧屏。严肃趣味、小众趣味遭遇市场与资本的双重挤压，生存空间日趋狭小。作为影视文学界的专业学者，如何看待中国当下的影视剧？作为大众文化生产者之一的剧作家，应创作什么样的电视剧本？倪学礼身兼大学教授、学者、作家三重身份，他用自己的学术研究成果及文学作品表达了他的立场。

一、学术研究：影视文学与剧本创作

倪学礼的学术研究主要分为两大部分：一是对中国影视剧的总体研究，二是关于剧本创作的理论与实践研究。

1. 中国影视剧的现状研究

在《电视剧创作：呼唤良知，呼唤现实主义》《振兴电视剧始自善待编剧——从写电视剧〈有泪尽情流〉说开去》中，作者一方面呼吁剧作家应具备的人文素养与职业精神，另一方面呼吁社会能够给予编剧良好的生态环境。“优秀的剧作者应在表达明确的价值判断和善恶标准、给予人心灵的净化和启迪、引发观众的玩味和思考方面付出不懈的努力。”[204] 基于此，倪学礼对当下的影视市场进行了不同程度的批判。他批判通俗剧中消极的市民意识，如等级观念、反智倾向、男权思想、尊贵意识等；指出中国青春偶像剧题材单一、虚假做作、节奏拖沓、人物单薄、制作手段粗糙；部分农民叙事的电视剧作虽展现了农民在改革中的心路历程，但轻松励志的风格在一定程度上消解了对农民问题的深思；城市叙事的影视剧对物质进行过度阐释，有审丑化倾向，缺乏人文精神和终极关怀。在《近年来中国影视剧创作的审美判断与文化反思》一文中批判了当下电视剧消费苦难、崇拜物质的现象。

2. 影视剧本创作研究

倪学礼的研究成果主要集中于专著《电视剧剧作人物论》以及创作谈中。倪学礼强调剧作家的社会责任，批判了电视剧作的过度商业化和娱乐化，同时肯定了电视剧的大众文化元素。电视剧作为大众文化的重要组成部分，其吸引大众的重要元素即作为电视剧本身具有的元素必不可少。他认为，“编剧是在为画面和声音写作。文学性是一个剧本的生命，而视听感是一部剧本的表达方式”[205]。

二、大众文化的理想价值期许

我国的大众文化在国际化、商业化背景下迅速繁荣发展，其速度之快，容纳之繁杂，将中国的传统文化，西方二三百年以来的现代文化、后现代文化鱼目混珠地杂糅，受众的价值观也因此被误导或混乱。法兰克福学派对于文化工业的批判在一定程度上也可以用来评价当下我国电视剧行业的现状。大量模仿欧美、韩日的综艺节目，国内电视台相互模仿，大量翻拍国内外的电视剧，一段时期内青春偶像剧、家庭伦理剧、抗日剧、穿越剧、戏说历史剧此起彼伏，情节大体相似，原创性差、意义缺失。

倪学礼的知识结构大体为文学、戏剧影视文学、文艺学，既是影视文学界的学者，又是剧作家。他的学术研究与文学创作都试图将大众文化产品之一的电视剧创作与理想价值融通，既重视电视剧作为大众文化的重要元素，如当下性、娱乐性、商业性，又强调电视剧应如经典作品一样担当着社会责任与艺术使命。倪学礼指出，“素材的提炼与整合应该永恒地以真、善、美作为其判断和存在的标准”[206] “剧中人物的愿望应该具有普遍的社会启示意义”[207] “一部好的电视剧应该是一个有意义的社会读本；不仅仅拥有对于社会意义、人生价值的阐释，还有对于人类生存与发展的探寻”[208]。兼顾电视剧的大众文化元素和理想的超越价值，是倪学礼理论探索与创作实践的核心命题。电视剧本的创作也在一定程度上影响了倪学礼其他文体的创作，电视剧作中的大众文化元素也潜移默化地成为他的表达方式之一。

第二节　理想价值的大众文化形式探索与实践

电视剧至少具有三个层面：商业层面、审美层面、意义层面。在商业大潮的冲击下，当下较多电视剧重视商业价值而淡化甚至忽略审美价值和意义价值，如一段时期涌现出情节、意义雷同的青春、时尚、情感、都市、偶像类型剧，重复消解意义本身的价值，夸大视听、情感的冲击，消解存在的真实性，从而丧失意义价值。倪学礼作为学者型作家，对作品的意义价值有较高要求，强调作品对人、社会及超越的价值；作为戏剧文学的学者、剧作家，他深知大众文化元素对影视剧作的重要性。因此，他的文学创作如他的学术观点一样，一直探索创作既具有电视剧作的大众文化元素，又具有较高理想价值、艺术品位的作品。

一、文学创作与学术研究的互文

学者兼作家的双重身份使倪学礼的影视剧本创作、研究成果具有研究者与实践者的双重意义和诉求。倪学礼作品的题材主要来自他的三个身份，一是关于剧作家的，如《第六条白裙子》《隐形婚姻》中电视节目策划、文化传播公司、电视剧剪辑等情节和人物设置，《大学门》中电影学专业的申博；二是关于学者身份的，如《大学门》里教授们的明争暗斗；三是关于农村叙事，如《山羊坡》《风过泉沟子》《小麦进城》《攀亲》，这与作者的人生经历有关，也与他研究农民叙事剧作一致。

倪学礼的学术研究尤其是剧本创作理论与他作为剧作家对作品的理解和体会以及个人的创作实践密不可分。《电视剧剧作人物论》与一般的学术著作偏重理论建构不同，书中在分析剧本创作理论时，大量列举专著创作当时耳熟能详的经典影视作品，如对《贫嘴张大民的幸福生活》《一地鸡毛》《孔雀》等情节、人物（包括人物的动作、心理、语言、性格、服装等）、场景、对白、细节进行深入分析。作者的创作经验也融入学术研究中，学术专著仿佛与学生谈天，细致入微、深入浅出，如讲到剧本如何塑造人物时，倪学礼没有过多地宏观阐述人物塑造的重要性、常用方法等，而是重点指明如何练习——写作“人物小传”，“写‘人物小传’就应该从日常练起，从你身边的人物练起”[208]。此外，作者还在书中分享了自己的创作过程，并提及了其他编剧某部作品某些细节的处理技巧。

如前所述，倪学礼的学术研究与文学创作的互文性还突出表现在对影视文学理想价值的追求和对大众文化元素的肯定上，并贯穿他学术研究和文学创作的始终。

二、文学创作中的大众文化元素

影视作品的大众文化元素，既表现为创作形式和传播形式，也表现为作品的表现形式。小说与影视剧本向来关系密切，由小说改编成剧本或剧本改编成小说，都是当下普遍的创作现象。倪学礼的《山羊坡》是根据真实事例改编而成的电视剧本，《小麦进城》是由作者的长篇小说《追赶与呼喊》改编而成的剧本，《有泪尽情流》是倪学礼将齐铁民的中篇小说《有泪悄悄流》改编成长篇小说《人间烟火》后写成的剧本。剧本经过拍摄再生产，以电视、互联网为载体，相较一般文学作品，其宣传力度更大、传播范围更广、受众更多。

2014 年，倪学礼起诉中央电视台综合频道、丫丫影视公司及编剧刘嘉军，认为后三者联合出品的电视剧《我在北京，挺好的》抄袭《追赶与呼喊》及剧本《小麦进城》。2015 年，倪学礼再起诉电视剧《满仓进城》抄袭《小麦进城》。这一事件既是倪学礼在商业时代的维权行为，也可看成是媒介时代的宣传行为，与大众文化的快餐性、娱乐性，创作者与接受者的相互妥协有密切关系。

从剧本表现形式来看，剧本包含着鲜明的大众文化元素，如故事的当下性、戏剧化的情节、较强的画面感与音乐感、贴近生活的语言、“大团圆的结局”等等。以故事而言，倪学礼的作品具有贴近生活的当下性，《山羊坡》讲述知青返城 30 年后，反思当年的革命激情对生态的破坏；《风过泉沟子》讲述“扶贫”的故事；《有泪尽情流》讲述丧夫的下岗女工马小霜成长、成功的故事。此外，长篇小说《大学门》讲述大学管理者及教授们欲望膨胀与名利之争；中篇小说《第六条白裙子》《隐形婚姻》讲述当代人的情感、信任、精神危机问题。

以情节而言，作品的内容更富有戏剧性，主要表现为冲突的连续与频繁以及出乎常规的情节设计。《有泪尽情流》中邱一平一直暗恋马小霜，最后却意外地娶了周家文。《大学门》中的教授林若地热衷为书记冲马桶；徐尘埃贴林若地的“小字报”，把林若地写的书制作成卫生纸，两人在猫眼里相互偷窥。《隐形婚姻》中，舒洁怀疑丁子的感情，于是和苏菲设计试探丁子；《第六条白裙子》中，由策划一个节目衍生出许多意想不到的人和事。

以场景而言，作品具有鲜明的画面感与音乐感。“鳞次栉比的高楼大厦。

花花绿绿的户外广告牌。望不到头的车流。行色匆匆的人们。各种各样的声音：汽车声，广播声，火车进站声，警察的喊声，小商小贩的叫声……声音不成比例，没有一点节奏，也没有一点节制，从四面八方冒出来，仿佛要把城市上空的天撑破了。"[209] 这段描写如影视剧里展现城市的快镜头，画面不断切换、声音此起彼伏。

以语言而言，作品更加生活化，主要表现为地方方言、日常口语、个性化语言的运用，以及对白设计的张力。"电视剧语言不同于文学语言，它一方面需要有生活化的处理，另一方面它是与画面相结合而形成的视听艺术。"[210] 倪学礼创作小说时，对白显然占据很大篇幅，这在《人间烟火》《小麦进城》中最为突出。此外，语言非常鲜活，它除了要契合人物的性格、时代背景、身份外，还要注意与场景的契合，推动情节发展。如《大学门》中，文学教授的对话表现出文人风雅的矫情和文人相轻的戒备。

林若地："尘埃兄，深夜骚扰。"

徐尘埃："欢迎骚扰，欢迎骚扰。"

林若地："这是我的一本电视剧评论集，请你批评。"

徐尘埃："为什么请我批评？"

林若地："你是搞戏剧戏曲研究的，是专家。……希望你不吝指教。"

徐尘埃："我一定认真拜读。"[211]

二、剧本的意义诉求

倪学礼多次呼吁，"必须坚持中国电视剧独立的美学品格和社会使命"[212]，"我呼吁电视剧要力所能及地为国民提供一些普世价值观，诸如：正义、公平、自由、诚信、忠诚、感恩等等"[213]。纵观倪学礼的作品，均包括时代背景与个人命运、传统文化与时代精神、人性、知识分子精神困惑与挣扎等文学母题。《山羊坡》以生态破坏为切入点反思知青下乡的历史意义；《有泪尽情流》包含时代与女性命运主题，传统伦理与现代商业意识的冲突；《大学门》展现了商业化大潮中大学管理者、大学教授的价值选择，以及现代知识分子的精神危机。

大众文化具有商业性、娱乐性等特征，在电视剧中表现为情节的曲折、画面的唯美、喜剧的结尾。“我想通过作品让观众（读者）目睹到自己的生存境遇，从中获得‘生存的勇气’，体验到真美善的力量。”[214] 倪学礼的作品大多都有比较圆满的结局或者充满希望的结局，与大众文化的娱乐性不谋而合。《山羊坡》中苗文秀通过种树救赎自己；《有泪尽情流》中马小霜创业成功，周家文嫁给了邱一平，创办了养老院；《大学门》中金河在世俗欲望与超越价值之间、困惑与痛苦之后试图找回自己，李冰河、林若地、马飞飞终是得到该有的结局；《第六条白裙子》《隐形婚姻》中虽然人的欲望膨胀、精神空虚，人与人间冷漠、危机重重，但内心都深藏对善良、真情的渴望。

“对剧作家而言，思想必须附着在你的人物身上，只有人物有思维和思想的能力，也只有人物能够让思想具备更厚重、更人性化、更富有情感力度和打动人心的力量。”[215] 倪学礼将剧本的意义价值赋予了人物的行为、动作、语言，人物一系列行为的完成也就是剧本意义表达的完成。《有泪尽情流》中马小霜、周家文等一群女人遭遇时代、生活的巨变：下岗、亲人去世、就业及创业不顺利、婚姻危机，但最终马小霜、周家文等创业成功，白羽屏夫妇的婚姻危机解除。我们从故事中感受到作者向我们传达的主题：真诚、善良、淳朴、坚韧、努力、爱是跨越困境的最好武器。

总体而言，倪学礼在理想价值的大众文化形式探索与实践之路上，试图将严肃深刻的意义诉求与电视剧的娱乐性、情节的生活化、语言的通俗化等相结合，并凭借大众媒体的优势传播理想价值。

第三节 融入剧本元素的小说创作——《小麦进城》

《追赶与呼喊》创作于2009年，2012年搬上荧屏，剧名为《小麦进城》。阿来看过小说之后认为，“我觉得它的画面感，它人物行动的方式，它的起承转合，很像是一部电视剧”[216]。的确，倪学礼既写剧本也写小说，两者互为改编的情形都有。他将戏剧研究、剧本创作理论融入小说创作，使其小说创作既具有电视剧的大众文化元素，又具有作家、学者对文学作品的理想价值诉求。

“剧本（小说）的创作过程也就是对自己发难的过程，怎样把普通人的平淡生活写得好看而富有情趣，又如何在余量有限的思想内涵背后留给人尽可能多的想象空间是常常困扰我的问题。”[217] 好看、情趣、内涵、想象空间基本表达了倪学礼创作的原则。好看即大众文化中的娱乐元素，主要体现在主题的当下性与作品的形式如故事情节的设计、语言的趣味；后者主要体现在主题的深度与广度上，即作品的意义价值和审美价值。

一、主题的当下性与意义诉求

《小麦进城》在宏大的时代背景下讲述了历时几十年的故事。20世纪70年代末知青返城、恢复高考、改革开放，城乡差异、知识分子精神困惑、个人物质欲望膨胀等众多社会问题日渐突显。

首先，《小麦进城》讲述的是小麦从农村走向城市，由最初的不适应到最后成功的时代典型故事。随着改革开放的步伐加快，城市化进程中农村人进城成为当下普遍的社会现象。小麦的遭遇反映了中国绝大部分甚至一代人的心路历程。城乡的差异不仅仅是物质条件、生活方式的差别，还是精神世界的迥异。小麦向从农村跨入城市的人们提供了一个范本：既要坚守人性中的美好，如真诚、善良、淳朴、勤劳，又要不断学习现代商业时代所需的各般“武艺”，如自信、胆识和智慧等。

其次，林木作为新时代知识分子在面对传统伦理与现代文化、物质与精神的双重冲击下，表现出知识分子常见的精神状态。在下乡、返城、读书、评职称等重大事件中，表现出自私、犹疑、世故，理想的期待与现实的挫败也让他痛苦和寂寞。但相较小麦饱满的形象，林木作为社会转型时期的知识分子形象，精神世界的挖掘还不够充分和深入，如他借陈红梅的小说评职称、离家三年的事件陈述缺乏内心世界的剖析。

再次，故事圆满的结局传达了积极的精神价值观。小麦凭借努力改变了自己的人生，她从农村走向城市，捍卫了自己的婚姻，开创了自己的事业，从一个备受婆婆家嫌恶的“农村傻大姐”成了一家人的“主心骨”。在传统等级观念、城乡观念的歧视中，在物欲至上、利益至上的商业社会中，她真诚、淳朴、善良的本性以及勇敢无畏、不懈进取的时代精神，给大众传达了一份正能量。

二、戏剧化的情节

“一般来说，电视剧一集中有四个事件，十个以上的情节点。”[218] 故事是剧本的主要构成要素，主要靠“冲突”推动故事情节的发展，每一部剧都必须要设置一个主要冲突，还有很多“小摩擦”。故事的开始即是冲突的开始，故事的完成即是冲突的解决过程。人物在解决冲突中的行为动作、精神世界是其性格塑造的过程，也是作者表达主题的过程。

在情节设计方面，《小麦进城》突出的特点表现为冲突的频繁与戏剧化的效果。故事最大的冲突是小麦由农村走向城市的冲突，而其间无数的小冲突在这一背景下衍生。小麦进城之前面临的小冲突：林木犹豫要不要带小麦回城，婆婆杨文彩坚决反对小麦进城，大仓不让林木上大学；进城之后，小麦面临的冲突：住宿的紧张、粮食的紧缺、林木的花心、婆婆的冷漠、小姑子小叔子的厌恶等等。情节的戏剧化也是《小麦进城》的一大特色。林木原本不打算带小麦回城，但小麦却出乎意料地上了火车；小麦受了委屈离家出走之前，狠狠地蒸了一大锅馒头，一口气吃掉8个。

三、画面感和音乐感

电视剧是视听的艺术，讲究画面感和音乐感。倪学礼的小说创作受剧作理论和实践的影响，比较重视画面和音乐的营造。

其一，用画面、场景、情节表现心理活动。倪学礼小说中的人物主要靠行为和语言表现内心世界，直接的心理描写比较少。如林木考上大学，小麦担忧，林木两难。倪学礼通过林木请客、王家的家庭会议、林木与陈红梅的谈话、林木与小麦在河边聊天、二少爷探听北京情况、林木在知青点醉酒、王干的暗恋、小麦与杜鹃偷羊毛、林木妈妈的到来、大仓绑架林木、小麦找到林木等一系列场景表现两人复杂的内心世界：纠结、困惑、犹豫，尤其是林木内心激烈的斗争，既想带小麦进城又怕耽误自己前程，不带小麦既心存愧疚又无法向王家交代。从人物的身份设置来看，成长于城市、下放到农村、考上大学的林木内心相对复杂，而小麦的内心比较单纯，那么两人的内心表达方式可以有所不同。显然，倪学礼受电视剧创作影响，将林木的内心世界也通过更为直观的行为表达出来。

其二，画面、声音的戏剧效果。“他的眼睛蓝了脖子红了腿软了头大了，他闭上眼使劲作扇自己大嘴巴，扇着扇着觉得不对劲了，大巴掌抡得比原来更圆更有力度节奏也更快了”[219]，在这段描写中，关于林木身体的颜色、形象、动作的具体描述和系列变化就像电视剧中一连串的镜头特写。

此外，倪学礼在小说中的语言力求生动，对乡间俚语、政治用语、日常口语、书面语都有涉猎，以及语义的正用、反用、借用等都有尝试。公文用语如“就小麦的问题，王家人召开了第一次会议”“大家围绕小麦提出的问题展开了激烈的争论”[220]。语义的借用如林木和小麦用“聊天”“劳动”“播种插秧”来描述夫妻生活。

总体而言，倪学礼吸收电视剧作的一些大众文化元素，使其作品“好看”，但主题的深化还有待提升。作者虽一直强调作品的人文精神与超越价值，但在实践过程中可能需要较长时期的探索。正如阿来所说，“过于往电视剧的路数靠近，往往会使小说文体的创新性受到某种抑制与局限。”[221]

在当代学院作家中，葛红兵、倪学礼都出生于20世纪60年代末，相似的成长环境与精神资源使他们的文学创作具有鲜明的市场探索倾向。葛的市场探索主要以小说为载体，作品的主题、表达方式在一定程度上满足了大众的情感体验与精神需求；倪的市场探索主要以小说和电视剧本为载体，其从事的影视文学创作即是大众文化的一部分。一方面，倪在坚守文学作品理想价值的同时融入了大众文化元素进行小说和剧本创作；另一方面，倪遵循市场经济规律，将“小说—剧本—影视”连通，为传统的小说创作寻找到了更广泛的受众、更可观的经济效益。

当然，葛、倪虽然在文学创作的市场化探索之路上取得了一些成功，但仍然还在路上。葛后期的《财道：富人向天堂》《上海地王》的创作还不够精致成熟，倪的《小麦进城》《人间烟火》突出的剧本元素冲淡了意义的深度阐释与表达。

第十四章　冲突与融合

——当代学院作家的困境与进路

现代文学的30年，学院作家众多。鲁迅、周作人、朱自清、徐志摩、老舍、曹禺等学院作家在各自的文学领域中有开拓奠基之功，共同引领了当时的主流文学。同时期的张恨水、刘云若、秦瘦鸥等较有影响力的通俗文学作家数量相对较少，其创作成果也未能与主流文学平分秋色。现代学院作家总体上的优势淡化了学院作家与非学院作家的明显差异。伴随着中国改革开放的纵深发展、商业文化的不断繁荣，世界全球化进程的加快、西方文化涌入中国，自20世纪90年代以来，通俗文学以信息化技术为载体，规模日益壮大，成为文学界不可忽视的力量。与此同时，国家体制内的专职作家开始出现流动现象，相当数量的作家走向市场或走向学院。学院作家因专职作家的流动、高校办学规模的扩大、时代环境的相对宽松等因素，数量大幅度增长。至此，学院作家、主要面向市场的大众文化作家、国家体制内的专职作家以其不同的文化身份与创作特征三分文坛。

“学院作家”这一概念主要是从职业属性层面诠释该群体的文化身份。文化身份集连续性与相似性、差异性与断裂性于一体。因其共同的复合职业身份，学院作家呈现与非学院作家不同的创作特点，如总体上的精英立场与相对独立性、突出的艺术探索性和理性诉求。差异性与断裂性：其一，表现为主体内部之间的冲突，如此身份与彼身份之间的冲突，群体内部因不同时代境遇、人生经历造成的差异；其二，表现为主体与外部世界的冲突，如与异质群体、异质文化的冲突。文化身份是一个动态的概念，它永远处在未完成的状态，冲突是它前进的推动力。冲突的过程即是重新整合的过程，包括部分的舍弃与部分的融合。当代学院作家在内、外冲突中，舍弃陈旧的元素，融合新的元素，一直处于不断更新与发展的动态进程中。

第一节　当代学院作家主体内部的冲突与融合

从时代环境来看，全球化与商业化成为时代主流，精英文化、商业文化、世界文化作为主要的文化背景；从精神资源来看，中国传统文化与西方现代文化是中国知识分子主要的文化资源；从思维形式来看，感性思维与理性思维是两种普遍的思维方式。学院作家作为教师、学者、作家、人文知识分子，同时又从事教学科研与文学创作工作，即使与普通人共享着同样的文化环境和精神资源，但其精神世界也是更为复杂的，其冲突与融合的层面也是更为丰富的。

一、传统士大夫情结与现代知识分子精神

以儒家文化为核心的中国传统文化是我国知识分子重要的精神来源，因时代环境和个体精神的内在需要，它对不同历史阶段的知识分子的影响程度、内容有所区别。出生于19世纪末20世纪初的学院作家，如鲁迅、周作人、朱自清、闻一多、刘半农、俞平伯、冯至、钱锺书等接受的是中国传统文化教育，传统文化已成为他们的文化根基，“内圣外王”的政治理想与人格理想在他们身上有突出的表现。内圣之业包括格物致知、诚意正心、修身养性，外王之业包括齐家治国平天下，可称为中国传统文人的士大夫情结。学院作家现代精神的形成与西方文艺复兴以来较长时期多元的文化思潮有关，如鲁迅接受进化论思想、周作人接受人道主义思想、徐志摩受唯美主义、空想社会主义影响。民主、科学、平等、个性解放、理性成为现代学院作家对现代精神的追求，但中国传统文化一直以来的集体本位思想和实用主义哲学使知识分子的现代性精神还未得到充分的发育，同时又迅速与民族存亡纠结在一

起，传统文化的士大夫情结与现代知识分子的现代性追求在该时期的知识分子身上纠缠不清。在当代学院作家中，杨绛、郑敏、宗璞出生于 20 世纪末期，杨绛、宗璞的知识分子精神与此时期的知识分子精神相似，但与郑敏有所不同。

杨绛出生于 1910 年，其受传统文化和海外留学的影响与鲁迅那一代人有相似之处。但不同的是，杨绛还经历了新中国成立初期至 20 世纪 70 年代其间数次的政治运动、改革开放带来的商业大潮、信息技术带来的全球化。随着改革开放的不断深入，政治环境相对宽松，商业文化迅速繁荣，中国现代性进程加快，知识分子的现代性品格得到同步发展。宗璞青年时期没有海外留学的经历，但因家学渊源、成长环境等熏陶，与杨绛受传统文化的影响相似，我们从杨绛、宗璞的作品中能够看出明显的家国情怀，她们对知识分子精神的审视标准既有中国传统文化的，如伦理道德、人格理想，也有个体本位的，如现代性精神。总体来看，两人的创作风格清新淡然，中国传统文化赋予她们的士大夫情结与现代知识分子精神没有呈现明显的冲突之势，一方面其文化根基源于中国传统文化，成年以后才受西方文化影响；另一方面，经过政治运动的悄然改造，她们作为知识分子的现代性精神有意或无意间没有特别突显。

郑敏出生于 1920 年，五四新文化运动彻底否定了封建制度及其思想文化，以西方文化为主的教育体系成为郑敏及同时代人的文化教育背景。大学毕业后郑敏留学美国 8 年，但作为土生土长的中国人，郑敏身上的中国传统文化烙印无法消除，同时以西学为主的成长环境赋予了她作为现代知识分子的精神品格。西方现代文化与现实中国的不调和、个体精神在现实中的无所归依、家国情怀的苦闷与无奈等主体内部的文化冲突突出表现在郑敏早期的创作中，所以郑敏在 20 世纪 40 年代的诗歌中弥漫着一种寂寞、焦虑、不安、虚无的情绪。

新中国成立初期至“文革”结束，大部分当代学院作家停止创作。因此，出生于 20 世纪 30—50 年代的当代学院作家如汤吉夫、戴厚英、毛志成、马瑞芳、周国平、余秋雨、谭元亨、曹征路、郭小东、金岱、曹文轩、南翔、阎真、王家新等作家的人生经历、创作环境大体相似。他们共同经历了新中国的成立、成立初期的政治运动、“文革”等重大事件，其精神品质在潜移默化中逐渐成形。出生于20世纪30—50年代的当代学院作家大多在20世纪八九十年代初期成名，由于时代环境与人生经历的特殊性，作家作品中的传统士大夫情结淡化，家国情怀和人格理想成为隐约的背景，而具有现代性品格的“人”成为他们描述的重大主题，作品大多从“人”的角度反思历史、观照现实。汤吉夫、戴厚英、余秋雨、郭小东、金岱、南翔、阎真作品中的“人”或有士大夫情结，或有自我意识，但总是与政治文化、社会环境格格不入，呈现出当代学院作家主体精神层面传统与现代的冲突。

红柯、何大草、西川、格非、海子、孔庆东、徐坤、李洱、伊沙、阿袁、倪学礼、葛红兵这一批当代学院作家，他们在“文革”时期度过少年时期，青年时期受20世纪80年代西方现代派文艺思潮影响，呼应了20世纪80年代文化界关于“人”的价值的呼吁，中年时期步入商业化、全球化、信息化时代。“文革”强烈的政治意识形态未给当时还处于少年时期的他们留下太深的烙印，“文革”期间教育的缺失也使他们没有太多传统文化根基。因此，他们的精神资源与20世纪80年代以来的时代文化同步，士大夫情结在他们早期作品中已毫无踪迹，突出的主体意识、商业化、大众化成为他们鲜明的精神特质。这一批学院作家不约而同地在作品中表达着他们的个体生存体验：精神空虚、焦虑、苦闷、孤独，其文化根源正是引入的西方文化嫁接于中国文化的同时缺失的中国传统文化底蕴，他们还探索西方文化在当下中国的适应性。

与此相关联，当代学院作家主体面向外部世界的价值取向：坚守学院的纯净寂寞，还是主动适应当下文化环境，又或是在两者之间徘徊？当代学院作家的主体具有学院倾向，整体上的精英立场、专业性、先锋性，以及题材的小众性，对受众的文化素养有较高要求，市场影响力较小，受众大多局限于人文知识分子群体。小部分的学院作家尤其是20世纪60年代末以后出生的学院作家，受时代环境的影响，无论是主观上还是客观上，其当下性与市场倾向性更加明显。

二、理性与感性

一般来讲，学术研究要求思维严谨缜密、逻辑清晰、语言准确。文学创作普遍被认为以形象思维为主，讲究语义及文本的多义性、模糊性。金岱、格非、阎真等人在接受记者采访时都被问过这样的问题：从事学术研究的同时创作文学作品，理性思维与感性思维是否冲突？然而，他们一致否认了冲突，并认为两者是互补的。的确，纵观当代学院作家的学术专著及文学作品，理性与感性两种思维方式并未截然相分，冲突之势不明显，反呈融合状态。

1. 文学作品的理性意识

文学创作虽以感性思维为主，但并不排除理性的干预。对于学院作家来说，他们既从事以理性思维为主的学术研究，又从事以感性思维为主的文学创作，这使得他们的文学作品除具有惯有的形象特征之外，还具有突出的理性思维烙印。

从文学创作的动机来看，当代学院作家的文学创作大多与各自的学术研究互补，虽不能断定他们的创作受文学理论的驱动，但受文学理论的影响毋庸置疑，如格非早期对先锋文学的研究与实践几乎同步，后期向中国传统文化回归的创作与实践也大体同步。

从创作立场来看，当代学院作家总体上具有精英立场，致力于严肃高雅文学的创作，试图探索生命、存在以及终级理想等。预设的作品主题，显然赋予了作品思想上的理性色彩。如对真善美的追求是曹文轩作品一贯的主题，存在焦虑、虚无、死亡的宿命感也是格非较长时期的写作主题。

从创作的艺术表现形式来看，热衷哲学思考与表达的当代学院作家不在少数，如金岱、周国平、郑敏、曹文轩等。金岱着意哲学与文学的系统构建，其文学创作与学术研究共同构成了比较系统的文化与哲学思考；周国平将哲学日常化、通俗化；郑敏的诗歌具有沉思的风格；曹文轩擅长运用象征表达形而上的哲学主题。

2. 学术随笔、思想随笔：感性与理性的融合体

学者写作学术随笔、思想随笔是当下普遍的现象。顾名思义，学术随笔、

思想随笔即学术研究、文学创作之余的随想随感，因其内容上兼具知识性与思想性、写作上兼具随意性和主观性而得名。学术随笔、思想随笔较好地整合了理性与感性两种思维方式。

从思维习惯来看，学院作家写作学术随笔、思想随笔在情理之中。实际上，当代学院作家的确创作了大量的学术随笔、思想随笔，并且成绩斐然。格非的《塞壬的歌声》，周国平的《风中的纸屑》《碎句与短章》《把心安顿好》，余秋雨的《何谓文化》，葛红兵的《心灵的课堂》《维纳斯的抽屉》《街边的主题》，金岱的《"右手"与"左手"》《千年之门》，其中，《"右手"与"左手"》获广东省第六届鲁迅文艺奖。理性思维主要表现在主题层面上，探讨形而上意义的学术问题或具有深刻思想的主题，如金岱探讨知识分子精神及中国文化的现代性建构，葛红兵探讨都市文化与都市人的精神危机，格非探讨人、文学、艺术的密切关系。感性思维主要表现在主题的表达形式上，即使与学术论文、文学作品表达的主题相似，但它也不如学术论文严谨与缜密，语言更加散文化是作者学术观点和思想的散文化抒写。

3. 学术专著中的文学性

从形式来看，当代学院作家作为大学教师开设一些与他们的学术研究或与学术特长相关的课程，而后他们将这门课程的讲稿整理出版成为学术专著。由讲稿而成的学术著作具有两个明显特征，一是讲授式、启发式的语言表达，就像与学生对话，语言较一般的学术论文通俗易懂、生动有趣；二是深入浅出，老师在讲课时通过大量举例，将深奥的文学理论形象化、简单化。

从内容来看，因为教师、作家的双重身份，部分当代学院作家的学术专著包括创作论，即研究文学创作的专著，如曹文轩的《小说门》、倪学礼的《电视剧剧作人物论》、格非的《小说艺术面面观》《小说叙事研究》《文学的邀约》。格非在论著序文中提及，"我在授课提纲的基础上整理写出了这本小册子。文中大部分观点都是我在写作、阅读和授课中的一得之见"[222]。在这类专著中，当代学院作家将自己的创作实践经验融于创作理论中，创作理论相较纯学术著作更加主观和翔实。

上述讲稿而成的学术专著、关于创作理论的专著两种情形，由于成书过程的特殊性，具有较一般学术专著更明显的主观情感、个体体验，以及生动形象的语言，大体上以理性为主但又具有鲜明的感性特征。

此外，许多当代学院作家作为知名作家，在出版某部作品后接受各类媒体访谈或发表创作谈。创作谈作为当代学院作家的一种学术成果形式，一般而言包括创作理念、创作过程、表达主题，既有理性的文学理论阐释，又有感性的主观叙述。总体而言，坚持文学创作的学院作家形成了理性思维与感性思维整合的思维习惯，其学术成果较非作家的学者语言表达上更易有主观化、形象化倾向。如杨绛的《艺术与克服困难——读〈红楼梦〉偶题》等，曹文轩的《第二世界》《中国八十年代文学现象研究》《二十世纪末中国文学现象研究》。曹文轩在阐释表象与再现的关系时，有这样一段叙述，“不久，有几个美国人恰巧来到这里（中国），远远地见到这座桥时，不由得惊呼：啊，这不是在美国吗？他们居然惊呆了。然而，这座桥真是美国那座桥的再现吗？不，这是不可能的”[223]。

第二节　当代学院作家主体与客体的冲突与融合

作为总体上具有现代性精神的人文知识分子，当代学院作家追求独立的品格。我国正处于政治经济文化不断深化的转型时期，当代学院作家面临着中西方文化的冲突、传统与现代的冲突、外部世界与个体精神的冲突、精英文化与大众文化的冲突、物质欲望与精神需求的冲突。复杂的客体环境加深了当代学院作家主体与外部环境之间的冲突，而富于探索精神的当代学院作家也在复杂的冲突中不断突围，寻求融合、前进的可能性。

一、当代学院作家与社会环境

20 世纪 40 年代末文联和作协成立，它将现代文学 30 年间数量众多的学院作家总体上划分为从事写作的专职作家与从事教学科研的教师。大部分作家成为国家体制内的专职作家，当代学院作家的数量相应地较现代文学时期锐减。被纳入国家体制内的作家因其身份的变化，与国家政治体制、文化体制有了更密切的联系，相当数量的专职作家成为1949—1979年文化界的主力。横向来看，该时期政治、经济、文化体制的同质同构，各类作家的创作未呈现明显差异。纵向来看，现代文学30年间，鲁迅、朱自清、闻一多等学院作家与社会政治呈现紧张的、鲜明的对抗关系。新中国成立后的30年间，大多数当代学院作家在这一时期停止创作。

20世纪90年代至今，经济体制的地位突显，文坛的格局再次发生变化。相较政治意识形态一统天下的时期，经济对文化体制的决定性因素增强，商业文化对文学创作的影响力日益增长。当代学院作家大多能理性地对待经济体制的变化。金岱早在20世纪80世纪末90年代初，从“人”的角度肯定了商业文化、通俗文学的重要价值，肯定了人的欲望的合理性。此外，周国平、余秋雨、阎真、葛红兵、孔庆东、倪学礼等作家的作品凭借市场经济体制下的经济规律与营销策略，畅销一时。然而，直接卷入商业大潮的当代学院作家毕竟是少数，大部分当代学院作家还是囿于学术界、大学校园、知识分子群体中，与社会体制保持着若即若离的关系既不主动也不对抗，站在边缘处相对独立地思考、创作。

二、当代学院作家与中国传统文化

当代学院作家群体年龄跨度较大，与中国传统文化、现代文化的关系不能一概而论。根据当代学院作家与中国传统文化的关系，大致可分为以下几种情况。

1. 深受中国传统文化影响

杨绛、宗璞因家学渊源深受中国传统文化影响，我们从其作品以及学术观点中可以看出中国传统文化的痕迹，如《洗澡》、“野葫芦引”系列对知识分子理想人格的塑造、作为知识分子的家国情怀，温婉含蓄的语言风格。当然，他们对于中国传统文化并不是照单全收的，而是融入了西方的人文精神，这一点与现代文学30年的文学思想一致，杨绛凭借戏剧《称心如意》《弄真成假》参与了现代文学的建构，两部戏剧均在世俗人生中展现了人性的善恶。

2. 在中国传统文化与现代文化的冲突中继续突围

现代学院作家既有深厚的中国传统文化基础，又在青年时代留学海外学习最新的西方文化，再加之时代环境的巨变，他们在中国传统文化与现代文化的突围中显得激进而彻底。大部分当代学院作家青少年时期接受了中国传统文化和现代文化的双重熏陶，青年时期几乎没有留学海外的经历，对西方文化的认识几乎都来自西方文艺思潮的译介，再加上新中国成立 30 年间屡次政治运动的切身体验，他们的突围显得更为温和。从文学表现主题看，汤吉夫、戴厚英、毛志成、马瑞芳、周国平、余秋雨、谭元亨、曹征路、郭小东、金岱、曹文轩、南翔、阎真、王家新在作品中探索了“人”的独立价值和尊严；从文学的表现形式看，他们在继续我国传统的现实主义创作的同时，吸收了西方艺术表现手法。汤吉夫、毛志成、马瑞芳、谭元亨、曹征路、郭小东、南翔、阎真较多地继承了我国叙事文学的传统，重写实、故事性以及人物塑造；金岱作品对人物内心世界的挖掘、象征手法的运用、哲学的思考，曹文轩作品中的唯美色彩、余秋雨散文对知识、历史、文化的恣意情怀，都是带有西方艺术手法的探索与尝试。

3. 较少受中国传统文化影响

郑敏出生于 1920 年，她深受新文化运动的影响，主要以西学为主。20 世纪 40 年代参与了现代诗歌的建构，创作的诗歌主要受西方意象派影响，抒发寂寞、焦虑、苦闷的沉思，新中国成立后的 30 年间，郑敏停止创作，20 世纪 80 年代的创作基本延续了 20 世纪 40 年代的创作风格。

红柯、何大草、西川、格非、海子、孔庆东、徐坤、李洱、伊沙、阿袁、倪学礼、葛红兵大多在“文革”中成长，他们没有接受过系统的中国传统文化教育，而是在青年时期接受了西式的较为系统的专业教育，此时也正值西学大量涌入、中国文化界掀起人文精神讨论时期。他们较少受来自中国传统文化条条框框的约束，可以不遗余力地向西方现代文学汲取营养，因此呈现出更加自由、更加自我、重视当下的创作风格。“自由”是指他们求新求变的探索精神，如何大草对“新历史小说”的尝试、格非对先锋小说的实践、徐坤对语言、文体的戏仿、伊沙审丑的后现代风格等；“自我”指创作主体性的张扬，如葛红兵的心灵自传、孔庆东的敢言敢语；当下是指他们对新事物的敏感以及及时回应，如葛红兵、孔庆东、倪学礼、梁振华等对当下商业文化、大众文化的迅速适应。

三、当代学院作家与大众文化

精英文化作为小众文化、通俗文化作为大众文化是伴随商业文化繁荣出现的文化分流。改革开放以来，市场经济的发展带来以利益为评价标准的商业文化，能适应市场需求、满足大众需求的为大众文化。大众文化以大众传播为媒介，以现代技术手段为文化生产形式，具有商业性、流行性、娱乐性和普及性等主要特征。当代学院作家总体上的创作为精英文化、小众文化，也有不少作家的作品进入畅销书行列，周国平的哲理散文、余秋雨的文化散文、曹文轩的儿童文学、孔庆东对北京大学生活与武侠的戏说、葛红兵的心灵自传、倪学礼的《小麦进城》《人间烟火》、阎真的《沧浪之水》、梁振华的《冰与火的青春》，都曾红极一时。

当代学院作家部分作品的畅销，一方面缘于作品有意或无意满足了大众的需求，一方面缘于强大的大众传媒。

20 世纪 80 年代末 90 年代初以来的大众，突然失去了政治信仰卷入商业大潮，精神迷茫而无所归依，周国平的哲理散文将令人望而生畏的哲学通俗化、日常化，给当下急需精神食粮的大众以精神抚慰；余秋雨的文化散文将历史、文化、文学融合，填平了当下大众的知识荒野。这些作品通俗不失意义、有思想不失趣味，恰在此时满足了大众对文化、思想的内在精神需求。大众文化的商业性使作品必须遵循市场经济的规律，接受市场、大众的选择。

作品的大众文化元素如娱乐性、流行性，也是作品受大众欢迎的重要因素。21 世纪初，葛红兵极具私语性的心灵自传《我的 N 种生活》，以及以情欲、时尚、虚无、孤独为主题的都市抒写《沙床》畅销一时，这与作品中的流行元素密切相关；倪学礼的小说总体上具有剧本的特色即鲜明的娱乐性，如强烈的画面感、音乐感，大众乐于接受的“喜剧”结局、戏剧化的冲突；

孔庆东对北京大学生活、武侠小说的戏说，其内容和语言都带有明显的娱乐特征。

当代学院作家的作品成为畅销书也与大众文化的传播方式有关。知识出版社出版余秋雨的《文化苦旅》时，聘请了专家学者在各大媒体上发表书评，同时还召开专家座谈会和研讨会，营造了一种大众关注的新闻事件，以及策划余秋雨签名售书、在各大高校巡回演讲等；[224] 2008年，德国总理安哥拉·默克尔将李洱的《石榴树上结樱桃》的德文版作为礼物送给温家宝总理，媒体的强烈渲染让李洱名声大震，其作品销量随之大增；葛红兵关于“美男作家”的公案难辨，但出版单位试图制造“卖点”吸引大众眼球增加销量这个事实毋庸置疑；孔庆东频繁语出惊人，也可看成是媒介时代的宣传策略之一。

总体而言，市场经济、现代传播技术、网络和大众文化给纯文学（严肃文学高雅文学），也给从事纯文学创作的主体——当代学院作家带来了前所未有的困境。这种困境既包括来自主体内部的关于世界观、价值观的精神困惑与冲突，也包括来自客体世界的商业法则、现代科学技术、大众文化对纯文学的过度挤压，对传统的文学创作、评价、传播方式的迅速改变。当代学院作家一直在困境中努力突围，不管依旧围困于其间还是成功突围，都伴随着精神世界的犹疑、徬徨、焦虑、迷茫、痛苦和挣扎。

第三节　当代学院作家的未来

学院作家与学院相伴相生，学院是学院作家存在的主要载体，中国现代意义上的学院自19世纪末出现，经过100多年的发展已有一些显著变化。从高校（学院）性质来看，自2002年以来我国的高等教育已由精英教育转向大众教育，学院的数量剧增、规模持续扩大。从办学形式来看，高等教育类型更加多元化，地方高校、民办高校纷纷向应用技术型大学转型，与社会经济、市场需求联系更为紧密的应用技术型大学、高等职业院校的数量与规模远远超过传统意义上的研究型大学，成为高等教育的重要组成部分；从功能来看，人才培养、科学研究、社会服务、文化传承创新等传统意义上的大学功能在新形势下突出强调了工具理性而轻视价值理性。从办学模式来看，学院尤其是应用型大学及高职院校的人才培养目标、专业设置、课程设置、科研学术等以市场、就业为导向，重视应用性、实用性，引入产业化、市场化的运营方式和管理方式。可见，随着社会经济的纵深发展，曾经被誉为“心灵净土”“象牙塔”的大学，以更加开放的姿态与社会、市场接轨。在高校与社会、市场紧密联动的初期，往往过度强调短期快速的利益而忽视大学的自由品格及人文精神。近十几年来，全国范围内大规模的院校合并和扩建、各级质量评估，已成为普遍的社会现象。社会经济变革、市场经济法则与大学转型成为身在高校的当代学院作家的生存背景。

2009 年，上海大学引入了在欧美、澳洲发展比较成熟的创意写作学科，成立了“中国文学与创意写作研究中心”，随后，复旦大学、南京大学、广东外语外贸大学、北京大学等相继开设创意写作学科，招收该学科的本科生、硕士生甚至博士生。创意写作学科的引入使“作家”的传统身份发生变化，除了创作小说、诗歌、散文、戏剧等传统文体的作家，作家的身份还涉及出版、互联网、广告机构、电影剧本等创意产业各个方面，包括网络类型作家、广告词撰稿人、报刊记者、影视剧创作者等。

与此同时，学院作家群体随着国家文化体制的改革有所变化，近十几年来越来越多的专职作家选择进入高校成为大学教授。王安忆、梁晓声、阎连科尤其是张悦然等更年轻一批的专职作家转身成为大学教师，他们既从事教学又坚持创作，与严格意义上的学院作家的生活工作方式日渐趋同。经过较长时期的学院式生活、工作及熏陶，他们将成为新一批学院作家。由专职作家转变为大学教授的这一批新型学院作家，其“写而优则教，先写后教”的成长路径与传统学院作家“学而优则教，边教边写”不同，前者专职作家的职业经历带来了丰富的生活阅历、人生体验及创作能力，后者学者的身份伴随着丰厚的理论素养、理性追求及探索能力。

2002 年，中国海洋大学在国内首度聘请迟子建、张炜、余华、毕淑敏、尤凤伟为驻校作家。之后，中国人民大学、北京师范大学、复旦大学、同济大学、深圳大学先后设立驻校作家制度，中国人民大学聘请王家新、阎连科、孙郁、程光炜，北京师范大学聘请贾平凹、余华、严歌苓、苏童，此外还有格非、韩少功受聘华中科技大学，于坚受聘云南大学，毕飞宇受聘南京大学，东西、凡一平受聘广西民族学院等。驻校作家制度即高校邀请国内外著名作家、诗人到学校讲学、交流，从事写作项目。从形式上来看，驻校作家与学院作家从事相似的教学、创作工作，但其职业身份有所差异。驻校作家首先是作家，以创作为主，短期内从事教学工作，教学的形式主要为讲座、访谈、文学活动；而学院作家首先是教师，以创作为辅，教学、研究是他们最主要的工作。当然，也有较少驻校作家开设写作类课程或招收文学创作方向的研究生，如严歌苓为北京师范大学国际写作中心文学创作硕士生导师。驻校作家大多为大学生交流创作经验或开设写作类课程，而大部分当代学院作家并非文学创作领域的教授和学者，如格非研究小说叙事，曹文轩研究儿童文学，金岱研究当代文化问题、郭小东研究知青文学。可见，驻校作家具有与学院作家不同的特质。

欧美的当代学院作家一般有两种存在形式。一种是较长时期甚至一生都在学院的作家，即称为具有终身教授资格的教授，如索尔·贝娄、戴维·洛奇、肯尼斯·科克等；一种是驻校作家，相较终身教职而言他们较短时期在学院任教并创作。前者与我国当代学院作家的情形相似，一般为终身教职，在教学科研之余从事文学创作。不同之处在于，欧美当代学院作家教学科研的领域多与文学创作有关，比如讲授、研究诗歌写作、小说写作、语言文字学、语言修辞等。中国当代学院作家讲授写作类课程的不占多数，而以教授文学理论、从事文学研究者居多。邀请作家驻校是欧美大学较为普遍的现象，大学邀请国内外知名作家驻校从事教学和创作活动，受邀的作家既有知名的教授作家，也有获得文学奖项的专职作家，或是在某方面有突出成就的作家。中国的作家驻校制度 2002 年自欧美引入，驻校形式与欧美相似，目前处于发展初期还未成为长期而普遍的现象，驻校也未成为作家的常态，因此中国的驻校作家还不能算作典型学院作家。

从以上的论述中我们可以看出，当代学院作家赖以存在的学院正在转型，当代学院作家群体本身也面临吸纳和分化的局面。那么，当代学院作家应如何选择未来之路呢?

一、坚守独特性，突破局限性

从文化身份的职业属性而言，大体上讲，体制内的专职作家受政府文艺部门引导，面向国家主旋律、人民群众而创作；社会型作家主要受市场引导，面向大众群体而创作；学院作家背倚学院的非职业化写作，主要受学者的理性引导，面向小众群体而创作。学院作家的职业属性赋予其作为作家的独特性，总体上具有鲜明的精英立场，较少受政治经济束缚而呈现出相对独立的品格，学者的理性使其具有艺术探索与实践的热情。精英的立场、相对独立的品格、探索的精神，既是当代学院作家区别于社会型作家、专职作家的重要特征，也是其重要的文化价值所在。

一方面，我国处于产业结构调整、市场经济大行其道的社会转型时期，大学的产业化运营及管理模式、学术研究的产业化市场化给大学的人文精神与独立品格极大的冲击。当代学院作家总体上的精英立场和独立品格对于坚守、弘扬遇到经济利益挑战的大学精神举足轻重。另一方面，随着产业结构的调整、文化产业的繁荣，以及创意写作学科的兴起与发展，文化产业的内容和形式更加多元化，越来越多的网络文学、广告业、文化出版、影视创作的从业人员被纳入到作家的范畴中。这一批新型作家主要面向市场和大众创作，主要接受市场规律选择，其创作立场与独立品格大受束缚。社会型作家群体日益壮大，专职作家群体受国家体制保障，当代学院作家群体只有更加突出其独特性，才能发挥出精英立场、独立品格、艺术探索在文坛中的引领作用。

当代学院作家在坚守独特性的同时，也要突破局限性。精英立场以及以学院为主的生活方式，限制了大多数当代学院作家创作的视域与题材。他们主要以大学校园生活为主，校园活动、阅读、写作成为他们主要的存在方式，因此创作视域有所局限。从内容和来源上大致可分为三类：一是童年记忆，如曹文轩、格非、李洱的部分作品；二是学院生活，如金岱、汤吉夫、葛红兵、倪学礼、阿袁的部分作品；三是与阅读相关的内容，思想性、知识性或历史性突出，如周国平、余秋雨、何大草、孔庆东的部分作品。精英立场的抒写、艺术探索的先锋性也带来受众的局限性。内容的非通俗化，艺术表达的非常规性、实践性、前沿性，将普通大众读者拒之门外。

那么，当代学院作家如何既坚守独特性又突破局限性？从身份属性来看，专职作家向学院作家的过渡、创意写作学科的兴起与发展、驻校作家制度的逐步引入与实施、欧美当代学院作家的存在方式等，为当代学院作家超越其局限带来了诸多可能性。由专职作家转向学院的新一批学院作家、驻校作家与学院作家在学院相遇，相互间的沟通与交流有利于当代学院作家汲取他人的特质。其一，新一批学院作家能够为一般学院作家提供更加宽广的创作视域。这批新的学院作家在创作视域与创作技巧方面都将为当代学院作家创作增添新的元素。其二，当代学院作家可以通过与驻校作家的交流获取更多的创作灵感。驻校作家由各类作家组成，其多元化的文学理念与创作风格也可为当代学院作家的创作注入新的活力。其三，创意写作学科培养的新型社会型作家在文化产业中游刃有余，当代学院作家也能从中借鉴适应文化市场运作的重要元素。葛红兵 2007 年在上海大学率先引入创意写作学科体系，其后期作品《财道：富人向天堂》《上海地产》显然运用了市场化的营销模式。其四，欧美当代学院作家主要从事文学创作而非文学理论、文学史研究的工作，也可以给我国当代学院作家一些启示。学院作家因其具有文学理论的专业背景与文学创作的实践，从事文学创作领域的研究或许成果更加突出，更能在文学创作研究领域发挥作用，格非的《小说叙事研究》，曹文轩的《第二世界》《小说门》就是集文学创作理论与实践的专著。

从当代学院作家赖以存在的学院而言，大学的办学模式和管理模式日益市场化，相当一部分当代学院作家不可避免地身在其中；与社会、市场联系更加紧密的应用技术型大学、高职院校将成为一批当代学院作家的栖身之所。学院的这些变化为当代学院作家走出校园、丰富人生体验、扩大创作视域提供了外部条件。

从当代学院作家的精神特质而言，一方面，当代学院作家相对的独立品格是学院作家作为人文知识分子和非职业作家重要的特征，体现了当代学院作家的重要文化意义。另一方面，学院作家只是研究者赋予具有相似职业身份作家的称谓，并非主动的、有意为之的流派或组织，他们个体独立而分散，其社会影响力、文学影响力也呈零散、随意的状态。

二、在世界文学背景中立足本土性、民族性

在全球化背景下，国际文化交流频繁，西学东渐成为常态，近年来我国逐步引入欧美的驻校作家制度、创意写作学科。显然，中国文学的对外输出和世界影响力远远不及西学的引入。当代学院作家大多数为文学领域的学者，具有深厚的理论基础和专业发展的前瞻意识，能够为提升中国文学的世界地位做出更大贡献。

首先，当代学院作家可以凭借学者和作家的双重身份，融通现代文学与传统文学，向中国传统文学汲取营养，构建中国本土的、具有中华民族特色的中国文学。只有民族的文学，才是世界的文学。近现代以来，我国在一定程度上割裂了传统文学与当代文学的精神脉络，在近100年间的文学活动中，大多数作家对待传统文学的态度模糊不清。中华民族的精神蕴涵于传统文化中，中国传统文学的思想价值、文学价值与审美价值突显了中华民族的精神特质和审美心理。一味脱离中国传统文学而贴近西方现代文学，显然不能体现中国文学的特质和精髓。中国传统文学与现代文学的融会贯通，或寻求中国传统文学在当下的适应性，对于突显中国文学的本土性、民族性特征具有重要的意义。当代学院作家作为学者型作家，他们既有融通中国传统文学与现代文学的理论基础，又具备从理论到实践的创作能力。

一部分当代学院作家已经认识到中国传统文学对于中国文学走向世界的重要价值，并开始在理论层面和创作实践层面向中国传统文学寻求新的创作突破。杨绛、宗璞将中华民族的家国文化与西方人文精神融合；郑敏的诗歌创作经过五六十年的冲突与碰撞之后认识到中国传统文学的价值，她将老庄的哲学精髓、中国古典诗学的意境美、古典诗歌的韵律感、古汉字的凝练之

美等中国古典哲学与美学和西方哲学、诗学融于一体，使诗歌获得了新的生命力，理性、从容、舒展的诗风取代了早期创作中的焦虑与局促；金岱在世界文化视域中理性地看到中国父权专制带给中国当代知识分子的“侏儒”特征；格非以深受西方哲学与文艺思潮影响的先锋文学出道，20 世纪末开始在中国传统文学中找到传统的诗性叙事与历史叙事。然而，融通中国传统文学与现代文学是一个长期而艰难的过程，当代学院作家可以做出更多地尝试与探索。

其次，在全球化背景下，当代学院作家应在创作理论与实践层面将中国文学与世界文学连通，为确立中国文学在世界文学中的重要地位做出更多努力。随着全球化进程的加快和互联网时代的到来，国际间的文化交流频繁，如美国青年作家桑顿成为北京师范大学国际青年驻校作家，王家新曾为美国科盖特大学驻校诗人。作为文学领域的学者，当代学院作家通过学术研究与学术交流走在学术前沿，他们能够更加敏锐地获知西方的文艺思潮、世界文学的概况及发展趋势，并较早地从中汲取营养融入创作实践中。当然，也不能一味地接受西方文艺思潮，模仿欧美文学，而应站在中国民族文化、本土文学的基点上，融通中国文学与世界文学，以包容的胸怀、共享的意识向世界文学汲取能赋予中国文学新的生命力的元素。

当代学院作家中较为年轻的一代如格非、葛红兵受西方文艺思潮与文学创作的影响较深，余秋雨、曹文轩、李洱、周国平、葛红兵的许多作品已被介绍到国外，对于中国文学向世界文学汲取营养并走向世界，当代学院作家还应做出更多努力。

三、在商业文化背景中引导大众文化

我国的大众文化日益繁荣，广泛的影响力令精英文化望尘莫及，而其弊端也日益暴露。大众文化受市场支配进行批量生产，从而丧失创作的独立性和创造性；大众文化的娱乐性、商业性、标准化生产，使社会大众的价值观念、思维方式和生活方式容易走向庸俗、低级和肤浅。大众文化的日趋发达是商业经济背景下的必然趋势。当代学院作家一方面要理性地看待大众文化

的重要性，尊重大众文化的发展规律，另一方面可以凭借群体特质引导大众文化健康良性地发展。

其一，当代学院作家可适当吸收大众文化的某些优点，扩大其受众范围。从作品特点来看，娱乐性是广受大众文化欢迎的重要元素。那么，当代学院作家如何能既致力于严肃高雅的创作又吸收大众文化中的娱乐元素，使作品既有深度又有畅销度？倪学礼做了尝试，他的小说吸收剧本的大众文化元素，如戏剧化的情节、丰富的画面感和音乐感，使其更加“好看”，同时也强调作品的意义价值和审美价值，但在实践中却还未成熟。从作品传播方式来看，市场化的营销策略是大众文化受众广泛的另一个重要元素。余秋雨《文化苦旅》的成功发行缘于市场化的策划；葛红兵、孔庆东作品的热销既缘于市场化的营销方式，又缘于作品内容的时尚、娱乐元素。

当代学院作家是否能从大众文化的繁荣中获得一些启示，如何在精英文化与大众文化、意义价值与商业价值、审美价值与娱乐价值中寻找到合适的定位，还需要较长时期的探索。

其二，当代学院作家应凭借总体上的精英立场纠偏大众文化的过度娱乐化和商业化。大众文化以市场经济利益为导向，为了迎合大众实现利益最大化，往往强调文艺作品的娱乐性而忽视作品的价值意义。当代学院作家的创作总体上具有非职业化的超越功利性和学者化的理性追求，代表与大众文化相对应的精英文化。当大众文化过度娱乐化和商业化时，他们可以凭借学者和知识分子的身份以及作品的社会影响力，传达超越的人文价值，纠偏与引导大众文化的发展方向。

其三，当代学院作家凭借艺术探索精神，引导大众文化对审美价值的追求。大众文化的文化工业生产特点导致艺术的独立性、创造性丧失，当代学院作家非职业化的写作正具有相对的独立性，其不懈的艺术探索精神则恰恰体现了其艺术创造性。可以说，在大众文化繁荣的当下，当代学院作家的创作立场、意义价值和审美价值的追求，决定了他们不可或缺的重要地位。

我国学院作家在 100 多年的发展历程中，以学者和作家双重身份开拓和丰富了文学的类型，在各个历史时期都取得了突出的成绩。他们在这 100 多年间，既经历着来自主体内部如理性与感性的融合与冲突、中国传统士大夫情结与西方人文精神的融合与冲突，也经历着来自主体与外部世界如独立性与社会体制的融合与冲突、中国传统文学与现代文学的融合与冲突、精英文化与大众文化的融合与冲突。在冲突中突围，在融合中成长，当代学院作家的未来仍将在全球化、商业化背景中遭遇无数的融合与冲突，如融通传统文学与现代文学，融通中国文学与世界文学，融通大众文化与精英文化。不管如何，当代学院作家集学者、作家于一体的职业身份不变，其精英文化的立场、学者的理性追求、艺术的探索精神应是他们永恒的精神家园和身份烙印。

参考文献

[1]曾念长. 中国文学场:商业统治时代的文化游戏[M]. 上海:上海三联书店,2011.

[2]李莉. 美国学院派小说研究在美国[J]. 国外文学,2009(01):21—27.

[3]余英时. 士与中国文化[M]. 上海:上海人民出版社,1987.

[4]萨义德. 知识分子论[M]. 上海:生活·读书·新知三联书店,2005.

[5]古远清. 在学院作家现象与二十世纪台湾文学[J]. 理论与创作,2007(06):52—57.

[6]艾瑞克·霍布斯鲍姆. 极端的年代[M]. 郑明萱译,南京:江苏人民出版社,1998.

[7]Andrew E,Peter S. Key Concepts in Cultural Theory[M]. London and NewYork:Routledge,1999.

[8][11][15]斯图亚特·霍尔,保罗·杜盖伊. 文化身份问题研究[M]. 庞璃译. 郑州:河南大学出版社,2010.

[9][10]阿雷恩. 鲍尔德温等. 文化研究导论[M]. 陶东风译,北京:高等教育出版社,2004.

[12]阎嘉. 文学研究中的文化身份与文化认同问题[J]. 江西社会科学,2006(09):62—66.

[13][14]斯图亚特·霍尔. 文化身份与族裔散居[G]//罗钢、刘象愚. 文化研究读本. 北京:中国社会科学出版社,2000.

[16]石义彬,吴世文. 大众传媒在文化身份再现和建构中的角色探究[J]. 武汉大学学报(人文科学版),2011(01):118—122.

[17]郑渊洁. 只有读者才有给作家评级的权力[N]. 新商报,2010-3-4(006).

[18][22][23][31]金岱. 千年之门[M]. 广州:花城出版社,2004.

[19]邵燕君. 面对网络文学:学院派的态度和方法[J]. 南方文坛,2011(06):12—18.

[20][21]曹文轩. 大王书[M]. 南宁:接力出版社,2008.

[24]周国平. 把心安顿好[M]. 长沙:湖南人民出版社,2011.

[25]杨经建. 是作家,又是学者——阎真访谈录[J]. 创作与评论,2013(07):9—11.

[26]王家辉. 对话孔庆东:学者写作如何体现"人间情怀"[N]. 中国艺术报,2011-10-14(006).

[27]夏义生,远方. 学者作家的现实情怀——阎真访谈录[J]. 理论与创作,2004(01):54—58.

[28]于慈江. 取法经典　阅世启智——杨绛的小说写作观念[J]. 中国现代文学研究丛刊,2013(01):71—84.

[29]梁振华,赵军. 戏剧化的散文——论余秋雨散文的戏剧化元素[J]. 湖南大学学报(社会科学版),2008(01):78—84.

[30]曹文轩. 关于"全国儿童文学理论研讨会"[J]. 南方文坛,2009(04):35—37.

[32][42]金岱. "右手"与"左手"[M]. 广州:广东人民出版社,1998.

[33]马季. 李洱:探究知识分子心灵困境[N]. 中国新闻出版报,2008-5-29(008).

[34]包明明. 我希望自己的写作是不朽的——曹文轩访谈录[J]. 课堂内外:高中版,2009(09):26—27.

[35]张朋园. 清末民初的知识分子[G]//许纪霖. 20 世纪中国知识分子史论. 北京:新星出版社,2004.

[36]谢永旺. 谈马瑞芳的《感受四季》兼及她的"新儒林"长篇系列[J]. 小说评论,1999(05):78—81.

[37]梁晓声.《中国知青》部落座谈摘要[J]. 文学自由谈,1991(02):104—105.

[38]藏策. 异军突起的"新学院作家"[N]. 文艺报,2009-4-18(006).

[39]吴思敬.《郑敏文集》[J]. 北京师范大学学报(社会科学版),2012(05):45—53.

[40]曹文轩. 这个时代需要"儿童的眼光"[N]. 文艺报,2012-9-13(005).

[41]陈平原. 文学史视野中的"大学叙事"[J]. 北京大学学报(哲学社会科学版),2006(02):67—77.

[43]宋晓英. 阎真小说对精神建构的拆解与对生命价值的还原[J]. 齐鲁学刊,2011(03):152—155.

[44]戴厚英. 自传书信[M]. 合肥:安徽文艺出版社,1999.

[45]吴中杰. 戴厚英之路——从写作工具到独立文人[J]. 上海戏剧,1997(01):28—32.

[46]夏康达. 汤吉夫创作论[J]. 文学自由谈,1989(03):119—124.

[47]许纪霖. 20 世纪中国知识分子史论[M]. 北京:新星出版社,2005.

[48]洪治纲. 新时期作家的代际差别与审美选择[J]. 中国社会科学,2008(04):160—175.

[49][51][53][54][58][59][60][61]杨绛. 杨绛作品集[M]. 北京:中国社会科学出版社,1993.

[50]杨绛. 关于小说[M]. 上海:生活·读书·新知三联书店,1986.

[52]郑克鲁. 外国文学史[M]. 北京:高等教育出版社,2006.

[55][57][63]杨绛. 杨绛作品集[M]. 北京:中国社会科学出版社,1993.

[56]杨绛. 我们仨[M]. 上海:生活·读书·新知三联出版社,2003.

[62]田蕙兰,马光裕,陈珂玉. 中国文学史资料全编:钱锺书杨绛研究资料[M]. 北京:知识产权出版社,2010.

[64]—[70]杨绛,杨绛作品集[M]. 北京:中国社会科学出版社,1993.

[71]施蛰存,施蛰存说杨绛小说《洗澡》[J]. 名作欣赏,2004(06):1.

[72]许纪霖. 中国知识分子十论[M]. 上海:复旦大学出版社,2004.

[73]—[80]郑敏.郑敏文集[M].北京:北京师范大学出版社,2012.

[81][84][90][91]桤森,项健.郑敏:跨越世纪的诗哲人生[G]//郑敏文集诗歌卷.北京:北京师范大学出版社,2012.

[82]李瑛.读郑敏的诗[N].益世报·文学周刊,1947-3-22(004).

[83]唐湜.郑敏静夜里的祈祷[G]//郑敏诗歌研究论集.2011:31—43.

[85]郑敏.郑敏文集诗歌卷[M].北京:北京师范大学出版社,2012.

[86]郑敏.忆冯至吾师——重读《十四行集》[J].当代作家评论,2002(03):86—91.

[87]—[89]郑敏.郑敏文集[M].北京:北京师范大学出版社,2012.

[92]格非.文体与意识形态[J].当代作家评论,2001(05):8—10.

[93]格非.小说和记忆[J].文艺理论研究,1994(06):67—70.

[94]格非.长篇小说的文体和结构[J].当代作家评论,1996(03):8—9.

[95]格非.1999:小说叙事掠影[J].花城,1997(03):5.

[96]格非.废名的意义[J].文艺理论研究,2001(01):47—51.

[97]张学昕,格非.文学叙事是对生命和存在的超越[J].当代作家评论,2009(05):58—73.

[98]李建立.文学史研究视野中的先锋小说[J].南方文坛,2007(01):83—88.

[99]格非.塞壬的歌声[M].上海:上海文艺出版社,2001.

[100]格非,张清华.如何书写文化与精神意义上的当代——关于《春尽江南》的对话[J].南方文坛,2012(03):83—86.

[101][103]余中华,格非.我也是这样一个冥想者——格非访谈录[J].小说评论,2008(06):45—48.

[102]格非,任赟.格非传略[J].当代作家评论,2005(04):105—116.

[104]格非.1999:小说叙事掠影[J].花城,1997(03):5.

[105]格非.废名的意义[J].文艺理论研究,2001(01):47—51.

[106]格非.格非散文[M].杭州:浙江文艺出版社,2001.

[107][108]格非.用文学的方式记录人类的心灵史——与格非谈他的新作

《山河入梦》[J]. 作家,2007(02):2—6.

[109]格非. 废名的意义[J]. 文艺理论研究,2001(01):47—51.

[110]格非. 我也是这样一个冥想者——格非访谈录[J]. 小说评论,2008(06):45—48.

[111]格非. 边缘[M]. 上海:上海文艺出版社,2013.

[112]—[115]格非. 隐身衣[M]. 北京:人民文学出版社,2012.

[116]格非. 塞壬的歌声[M]. 上海:上海文艺出版社,2001.

[117][118]曹文轩. 童年[J]. 中华活页文选,2009(11):30—35.

[119]曹文轩. 二十世纪末中国文学现象研究[J]. 当代作家评论,2002(05):159.

[120]曹文轩.《第二世界——对文学艺术的哲学解释》[M]. 北京:人民文学出版社,2010.

[121]曹文轩. 感觉崇尚[J]. 中国文化研究,1997(01):80—87.

[122]曹文轩. 论近二十年来文学中的“流浪情结”[J]. 文学评论,2002(04):151—157.

[123]曹文轩. 作坊情结[J]. 南方文坛,1997(03):7—10.

[124]曹文轩. 中国八十年代文学现象研究[M]. 北京:人民文学出版社,2010.

[125][134]曹文轩. 小说门[M],北京:人民文学出版社,2003.

[126]曹文轩. 第二世界——对文学艺术的哲学解释[M]. 北京:作家出版社,2003.

[127]曹文轩. 文学:为人类构筑良好的人性基础[J]. 文艺争鸣,2006(03):3—5.

[128][131]曹文轩. 天瓢[M]. 武汉:长江文艺出版社,2005.

[129][130]曹文轩. 小说门[M]. 北京:作家出版社,2003.

[132]曹文轩. 根鸟[M]. 北京:作家出版社,2003.

[133]曹文轩. 美感与思想的力量[J]. 中文自学指导,2003(04):11—12.

[135]—[139]曹文轩. 青铜葵花[M]. 南京:江苏少年儿童出版社,2014.

[140][141]周国平. 岁月与性情[M]. 北京:人民文学出版社,2009.

[142]和歌. 周国平:作家必须有自己的精神坐标[J]. 黄河文学,2010(03):4—13.

[143]—[145]周国平. 周国平文集[M]. 西安:陕西人民出版社,1996.

[146][149][153]—[161]周国平. 把心安顿好[M]. 长沙:湖南人民出版社,2011.

[147][151][152]周国平. 守望的距离[M]. 太原:北岳文艺出版社,2003.

[148][150]周国平. 周国平文集[M]. 西安:陕西人民出版社,1996.

[162]金岱."右手"与"左手"[M]. 广州:广东人民出版社,1998.

[163]金岱. 勘探生存的文学:体验方式[G]//"右手"与"左手". 广州:广东人民出版社,1998.

[164][165][168][170][171][172][175][176][178][179]金岱. 千年之门[M]. 广州:花城出版社,2004.

[166][167][169][177]金岱,"右手"与"左手"[M]. 广州:广东人民出版社,1998.

[173]刘晟. 生存本体的文学言说——金岱的小说创作与他的文学观[J]. 广东社会科学,2003(03):45—50.

[174]陈墨. 精神隧道:自我通向? 我世界? ——读金岱长篇小说系列[J]. 江西社会科学,2004(08):93—101.

[180]—[188]金岱. 心界[M]. 北京:中国青年出版社,2002.

[189]葛红兵. 心灵的课堂[M]. 昆明:云南人民出版社,2002.

[190]葛红兵. 南大:我永远的故乡——怀念我的导师许志英先生[EB/OL]. (2008-2-22)[2022-10-06]. http://gehongbing. blog. sohu. com/79783515. html.

[191]葛红兵. 为二十世纪中国文学写一份悼词[J]. 芙蓉,1999(06):3.

[192]孙德喜. 行吟与守望——葛红兵论[J]. 南方文坛,2001(03):3.

[193]葛红兵. 克隆兄弟[M]. 上海:少年儿童出版社,2012.

[194]葛红兵. 我的 N 种生活[M]. 海口:南海出版公司,2004.

[195][196][197][199]—[203]葛红兵.沙床[M].武汉:长江文艺出版社,2003.

[198]葛红兵.葛红兵谈《沙床》[EB/OL].(2004-1-27)[2022-10-06].http://baike.baidu.com/link?url=-Yfz4b4PRb0Wz6jQ19rVrfdEM0l0tncgeI5sgU12PHihFG65qPjscQ2SeLT1J7FSak0oOnmHJCgw8N_hjQvGBq#2.

[204][214][217]倪学礼.对日常生活的诗意叙述——我写电视剧《有泪尽情流》(小说版《人间烟火》)[J].当代电视,2005(03):62—64.

[205]—[208][210][212][215][218]倪学礼.电视剧剧作人物论[M].北京:中国广播电视出版社,2005.

[209]倪学礼.人间烟火[M].北京:文化艺术出版社,2004.

[211]倪学礼.大学门[M].北京:北岳文艺出版社,2009.

[213]倪学礼.一个女人的奋斗编织出普通人的中国梦——电视剧《小麦进城》创作谈[J].当代电视,2013(01):40—41.

[216][221]阿来.好小说的两个标准[G]//小麦进城.西安:陕西师范大学出版社,2012.

[219][220]倪学礼.小麦进城[M].西安:陕西师范大学出版社,2012.

[222]格非.小说艺术面面观后记[M].南京:江苏文艺出版社,1995.

[223]曹文轩.第二世界[M].北京:作家出版社,2003.

[224]张春.论20世纪80年代以来文学出版观念的变迁[J].学术界,2012(06):196—207.

后　　记

时间总是在悄无声息中流逝，细细一算，人生中竟然有近 30 年的时间都在校园读书，何其幸运。

小时候家里开了一间杂货店，当同龄人到处玩耍的时候，五六岁的我开始看店。十余年的看店经历让我养成了看书的习惯。幸运的是，有一位年轻的作家住在离我家几步远的地方，她的藏书几乎被我囫囵吞枣地看遍了。现在想来，正是那个时候，我喜欢上了文学，并让我一直坚持以文学为业，以文学为伴。

大学毕业离开四川，辗转江西读研，后定居广州。初到广州，正站在人生旅程的十字路口，未来之路在何方？而正在此时有幸遇到我的博士生导师金岱先生，他当代学院作家的身份，他对文学的独立思考，他严谨治学的态度和坚忍的意志让我清楚地知道了自己未来的人生方向。以金岱老师为代表的当代学院作家总体上呈现的精英文化立场、非职业化的写作状态、对文学艺术的执着追求与探索，让我深有感触并深受启发。

在我求学的一段时间里，我经历了母亲病逝、自己结婚生子，由于一直忙于工作、生计和家庭，以至博士论文一拖再拖。我非常感谢我的恩师金岱老师，他在这期间给予了我很多理解、宽容与鼓励，让我今天可以顺利完成博士论文。金岱老师从论文的选题、提纲、撰写、修改方面都给予了我精心地指导。尤其在我理论水平、逻辑思维较差，写论文往往天马行空难以切中要点时，金岱老师总是不厌其烦地教我写论文的方法，帮助我修正大至论文的逻辑框架，小至论文的字、词、句等等。金岱老师大半生被眼疾困扰却从不向学生提及，一直坚持学术研究、文学创作，且成果丰硕；金岱老师忙于科研、创作，但指导学生尽心尽力；金岱老师具有思考者的典型特质，他的研究与创作都极具开拓性，这些都让我受益匪浅。我内心奢望，我未来的人生之路可以向恩师学习，做一个独立思考的人，做一个人格高尚的人，做一个潜心学术研究与文学创作的人。

感谢陈少华老师、柯汉琳老师、袁国兴老师、陈剑晖老师对我博士论文的理论、结构以及研究要点等内容的悉心指导。他们提出的关于当代学院作家研究应具有批判意识，关注当代学院作家与中国现代文学传统的关系等指导意见大大拓宽了我写作该论文的理论视野和文学角度。

最后，感谢所有帮助过我的老师、同学、亲人！拙于言辞，感恩之心，难以言表，铭记在心！